教科書指導ハンドブック

新版 小学校四学年 国語の授業

光村版

西郷竹彦 監修・文芸教育研究協議会 編集

新読書社

はじめに――教科書教材による「ものの見方・考え方」を育てる国語の授業

これまで文部科学省のかかげてきた国語科教育の目標は、時により若干の異同はありましたが、文章表現の内容がわかる力、つまり読解力を育てること、という目的は今日に至るまで終始変わりません。もちろん、読解力の向上それ自身は望ましいことには違いありません。しかし、そのことに終始してきたことの結果として、子どもたちの「ものごとの本質・人間の真実を認識する力」は、まことに憂うべき状態にあります。たとえば、あらゆる対策が講じられてきたにもかかわらず、校内における、また地域社会における「いじめ」の問題は、依然として憂慮すべき状態にあります。

何よりも、肝心なことは、国語教育も他の教科教育と同様、「ものごとの本質・法則・真理・真実・価値・意味」などの体系的認識の力を育てることにあります。「人間のわかる人間を育てる教育」をこそめざすべきであるのです。まさに人間の真実を語る文芸こそが、人間についての豊かな、深い認識を育てるための唯一の教材となるものです。他の教科教育をもって代行できるものではありません。だからこそ文科省の文芸教育の軽視は、結果として教育の荒廃を招くもととなったのです。

私どもは、「人間のわかる人間」を育てるために「ものの見方・考え方」（認識の方法）を、発達段階に即して指導していくことをめざしています。『学習指導要領』が言語事項を軸にして系統化を考えているのに対して、私どもは認識の方法を軸にした系統化を考えています。つまり、説明文教材や文芸教材だけでなく、作文・読書・言語・文法などの領域もすべて、認識の方法を軸にして互いに関連づけて指導するわけです。

このような関連・系統指導の考え方に立って、どのような国語の授業を展開すればいいかを試みました。もちろん現行の教科書は『学習指導要領』に基づいて編集されておりますから、私どもの主張との間に、あれこれの食い違いやずれのあるのは当然であります。しかし、本書では、できるだけ子どもの「ものの見方・考え方」を関連・系統的に教え育てていく立場で、それぞれの教材をどのように教材研究し、授業を展開すればいいかを解説しています。

なお、国語を「ものの見方・考え方」を軸にした系統指導することによって、それが土台になり、すべての教科を関連づけることが可能となります。国語科で学んださまざまな「ものの見方・考え方」は、各教科を横断・総合するということもありますが、むしろ、国語科などで学びとったいろいろな「ものの見方・考え方」を、対象にあわせて組み合わせるところにこそ、本当の意味での「総合」があるのです。

国語科の指導にあたっては、体系的な西郷文芸学の理論と方法を教育的認識論をもとに、過去半世紀にわたり研鑽を積み重ねてきました。その豊かな経験をもとに、私どもは、「文芸の授業」や「詩の授業」「説明文の授業」などの場を通して実践・研究の成果を世に問うてきました。この『教科書指導ハンドブック』（略称『指導ハンドブック』）もその企画の一つです。

『指導ハンドブック』は、六割以上のシェアをもつ光村図書の教科書をどのような観点で指導したらいいのか、そのポイントを具体的に、わかりやすくまとめたものです。幸いこれまで出されてきたものも好評でした。今回の教科書の改訂で教材の変更がありました。そのため、『指導ハンドブック』も部分的に手を入れたものを出すことになりました。教科書をかたわらに置いて本書をお読みくだされば、「ものの見方・考え方」を育てる関連・系統指導の内容を具体的に理解していただけるものと確信しております。

企画から刊行まで、新読書社の伊集院郁夫氏のひとかたならぬご協力をいただきました。ありがとうございました。

二〇一五年四月

文芸教育研究協議会会長　**西郷　竹彦**

光村版・教科書指導ハンドブック　新版　小学校四学年・国語の授業／目　次

【凡例】

1　本書は、西郷竹彦文芸研会長が確立した文芸学理論と教育的認識論をもとに文芸教育研究協議会（以下「文芸研」と略称）の実践者・研究者によって著された。

2　本書は、平成27年度用光村図書小学校国語科用教科書に掲載された教材の指導の参考に資するために著された。

3　本書の主たる参考文献は、『西郷竹彦文芸・教育全集』（恒文社）であるが、必要に応じて各項の最後に関連参考文献を載せた。

4　各学年の国語科指導全般にわたる課題を「中学年の国語でどんな力を育てるか」「教材分析・指導にあたって」で解説した。

5　具体的な指導のイメージを理解してもらうために指導案例と板書例を載せた。

6　『西郷竹彦文芸・教育全集15巻』（恒文社）は『全集15巻』と略称し、『最新版西郷竹彦教科書指導ハンドブック小学校中学年・国語の授業』〈西郷竹彦著・明治図書〉は、旧『指導ハンドブック中学年』とした。

7　教科書引用文は〈　〉に入れた。一般引用文は「　」に入れた。

8　西郷文芸学理論による用語は《　》で表したが、一般的に使われている用語でも西郷文芸学理論による意味と異なる場合は《　》を使っているところがある。

9　西郷文芸学理論や教育的認識論の用語が記述されたところで必要なものは太字にした。

10　各項目単独でも利用できるようにするため、他の項目と重複した内容になっているところがある。

第一章

中学年の国語で
どんな力を育てるか

この本を出版した趣旨について説明しておきます。観点と言ってもいいでしょう。

私ども文芸研は、長年にわたって、「認識と表現の力を育てるための関連・系統指導」を主張してきました。一年ではどういう認識・表現の力をつけるのか、二年では……、三年では……と、一年から六年まで、さらに中学・高校へと関連・系統指導することになります。ここでは、小学校一年から六年までの各学年の中心課題を明確にしていきたいと思います。つまり、小学校の各学年でどういう認識・表現の力を育てるかということを課題にします。

❶ 関連・系統指導でどんな力を育てるか

人間および人間をとりまくさまざまなものごと（世界と言ってもいい）、その真実、本質、価値、意味をわかることを「認識」と言います。

「わかる」ためには「わかり方」を教えるのであって、そのわかり方は、普通「ものの見方・考え方」と言います。

「ものをよく見なさい。」とか「しっかり考えなさい。」と言っても、どこを見たらいいのか、どのように考えることがしっかりよく見て考えることなのかを子どもたちは知りません。だから、学校で私たち教師が、小学校一年生から、一番大切なものの見方・考え方（認識の方法と言います）を具体的な教材を使って、「教材で」教えていく、学ばせていくことになります。

そして「教材で」人間とはこういうものだという、人間の本質とか真実をわからせます。これを「認識の内容」と言います。これらが国語の授業で学ばせることです。

つまり、国語科で学ぶことの一つは、ことばを通して、人間やものごとの本質や価値を学ぶ（認識の内容を学ぶ）ことです。もう一つは、「ものの見方・考え方」（わかり方＝認識の仕方、認識の方法）を同時に学ぶことです。この両面を学ぶことが大事なのです。書いてある中身からわかったことの蓄積は「認識の力」になります。しかし、もう一つ忘れてならないことは、わかり方を同時にわからせ、身につけさせていくことです。認識の方法と認識の内容の両面がともに大事なのです。

認識の方法
認識の内容 } **認識の力**

認識の方法とは「わかり方」あるいは「ものの見方・考え方」であり、認識の内容とは「わかったこと」で、それは「知識」としてたくわえられ、思想を形成します。

ところで、認識の方法（わかり方）を学ぶことは、同時に表現の方法（わからせ方）を学ぶことでもあるのです。もっとも表現の方法は、これまでの読解指導においても不十分ではありますが、一応は教えてきました。しかし、人間の本質・人間の真実、ものごとの本質・価値・

意味をとらえて表現することが本当の表現の力なのです。ですから、本当の表現の方法は認識の方法と表裏一体のものとして学ばせなければなりません。

系統指導は、認識の内容を系統化するのではなく、認識の方法を系統的に指導することです。認識・表現の方法を、一年から系統化して指導していくことになります。

系統化ということは、前と後とがつながりがあるということです。それから、ただつながっているというだけではなくて、前に対して後のほうがより一段高まっているということです。この「つながり」と「たかまり」があって、小学校六年間で子どもの認識の力が系統的に育てあげられることになります。

❷国語科で育てる力

ここで、国語科ではどんな力を育てるかをはっきりさせておきたいと思います。理科や社会科と比べてみればはっきりすることです。理科は自然について（つまり、自然を認識の対象として）、その本質や法則を認識させる教科です。自然認識の力を育てる教科です。社会科は社会や歴史などを対象として、その本質や法則や意味を認識させる教科、つまり社会・歴史認識の力を育てる教科です。

では、国語科は何をするのかと言いますと、まず何よりも人間と人間をとりまく世界を認識させることです。もう一つは、ことば、表現そのものの本質・価値・意味を認識させることです。この二つがあります。

もちろん、理科で、自然認識の力を育てるというとき、自然とはこういうものだという認識の内容を教えると同時に、自然のわかり方も教えます。たとえば、実験や観察は、科学的な認識の方法の基本的なものの一つです。この認識の方法と認識の内容の両面を理科で教えていきます。また、社会科でも社会や歴史とはこういうものだという認識の内容を教えるだけでなく、社会科学的な認識の方法も同時に教えていきます。

国語科も同じです。ことばとは、人間とはどういうものかという、ものごとの本質をわからせていく（認識の内容をふくらませていく）と同時に、そのわかり方（認識の方法）を系統的に教えていきます。ひと言で言えば、教科教育の基本は認識だと言えます。

理科、社会科の場合には、表現の力を特にとりたてて問題にしませんが、国語科の場合には、認識の力を育てることと裏表に、表現の力を育てる課題が付け加わってきます。

❸ 自主編成の立場で

長年、私どもの運動の中で自主編成が言われてきました。自主編成というのは、教師が自ら教材を選ぶということです。教材を選ぶ主体は国民です。具体的には教師です。ですから、教科書があるからそれを使うというのではなく、その子どもにどんな力をつけるかという観点で、必要な教材を選ぶということです。

❹中学年で育てる力

私たち文芸研が主張する関連・系統指導の観点で教材研究すれば、どういうことになるかを一七頁に掲げている関連・系統指導案で考えてみたいと思います。その前に、三・四年でどんな認識と表現の力を育てるかということについて、整理をしておきます。当然、それは、一・二年で育ててきた力をふまえて、その上に立ってということになります。

◇一・二年の課題――比較と順序、理由

まず、低学年の基本課題は、観点を決めて、そして**比較**するという「ものの見方・考え方」**（認識の方法）**を育てることです。比較には、同じようなところを見る**類比**と、違いに目をつける**対比**があります。この二つの「ものの見方・考え方」が、基本になりますから、一年では、まず類比・対比を重点にして教えます。

次に、ものごとを順序立てて見たり、考えたり、話したり、書いたりする**順序・過程**でものを見ること、**プロセス**としてものごとを見ることを教えます。すると、当然そこに変化・発展

関連・系統指導案（小学校の中心課題）

0　**観点**　目的意識・問題意識・価値意識

　真・偽　ほんと―うそ

　善・悪　いいこと―わるいこと

　美・醜　きれい―きたない

　有用・無用　やくにたつ―やくにたたない

←低→（1〜3）

←中→（1〜6）

←高→（1〜10）

1　**比較**（分析・総合）

　類似性―**類比**（反復）

　相違性―**対比**

2　**順序**　過程・展開・変化・発展

　時間・空間・因果・心情・思考・論理・意味

3　**理由・原因・根拠**

4　**類別**（分類・区別・特徴）

　特殊・具体 ⇅ 一般・普遍

　全体と部分

5　**条件・仮定・予想**

6　**構造**（形態）・関係・機能・還元

7　**選択**（効果・工夫）・変換

8　**仮説・模式**

9　**関連・相関・連鎖・連環・類推**

10　**相補**

（西郷試案2の2）

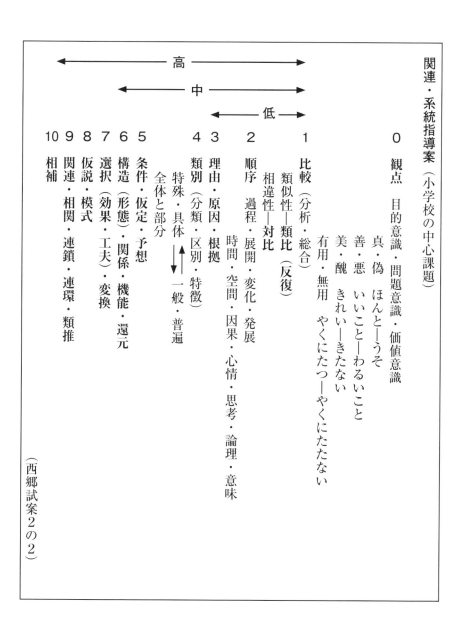

ということが出てきます。この順序・過程・展開が二つ目の大切な認識の方法です。それから、ものごとの**わけ（理由・原因・根拠）**を学ばせます。

◇三年で育てる力

三年になると、ものごとを**類別**する力、区別する、分類する、まとめる、分ける力を育てます。さらに、ものごとを**条件的**に見る、**仮定的**に見る見方・考え方を教えることが、中心課題になります。

◉類別する力を育てる

類別は普通、分類とか区別と言いますが、特徴をつかんで分ける、あるいはまとめることです。分ける、まとめることは裏表の関係にあります。類別する場合でも、当然**観点**を決めて**類別**します。

三年生で学ばせたい類別には、どんなものがあるでしょうか。表現にかかわって言えば、ひらがな、カタカナ、漢字、ローマ字を類別します。また、類別するだけでなくて、それらの特徴、特色をつかんで使い分ける、書き分ける、読み分けることも入ってきます。語のレベルで言うと、熟語、複合語とか方言、共通語、類義語、対義語があります。文のレベルで言うと、主語・述語・修飾語が類別できねばなりません。また、尋ねる文と答える文、それから、敬体の文と常体の文という類別の仕方もあります。文章の類別では、説明文と文芸に、さらに文芸の文章は、昔話、童話、歴史物語とジャンルという観点で分けられます。

類別は、そのものの特徴をとらえることです。「むかし、あるところに、じいさまとばあさまがありました。」という語り出しがあれば、昔話だという特徴をとらえることができてはじめて類別することができるのです。

一・二年の物語文の学習で、**話者**と**人物**と**作者**と**読者**は、類別できるはずです。それができますと「話者のことば」と「人物のことば」を類別することができます。人物のことばは「　」に入っているという特徴を押さえればできます。話者のことばは、「人物の様子を語っているところ」、「周りの様子について語っているところ」、「人物の気持ちを語っているところ」と類別できます。それから、段落（まとまり）については、「誰について話者が語っているところ」か、「何について語っているところ（話題）か」について類別できることも大切です。これらは、三年になるまでにおおむねできなくてはならないことです。また、文章表現で使う基本的な記号のうち、三年までに学習するものは、句点（。）と読点（、）と「　」です。

説明文の場合も同じです。類別できることが大前提となって、三年生から始まる「ここに何が書いてあるか」という要点をとらえることができるのです。要点をとらえることは、類別する力が前提となります。つまり、この段階は、「だれのことを語っているのか」、「何のことを語っているのか」という話題を後先の段落と比べて類別できないと、要点をまとめることはできません。たとえできたとしても、要点を正しくまとめたことにはなりません。説明文の指導のところで、「まとまり（段落）」といった用語が出てきます。類別するためには、用語をある程度学び、そしてその用語の定義、その用語が何を意味するかが、わかっていることが必要になります。

このように**類別**することは、**分ける・まとめる・特徴をつかむ**ということです。

◉なぜ、三年生に類別か

では、なぜ三年に類別が課題として設定されたかについてふれたいと思います。

類別できるためには、その前提として少なくとも子どもたちが、ある程度の知識経験をもっていなくてはなりません。三・四年という段階は、いろいろなことを知識として知ってきたという段階で、類別するための前提条件がある程度できています。たとえば、文芸教材に限って言えば、すでに昔話も童話もリアルな短編小説という基本的な文芸のジャンルのいくつかを、三年までには学習してきているという状況があります。それは、類別するための下ごしらえが、すでにある程度できているということです。三年で、もう一度はっきりと類別する学習をさせることで、類別の知識を確実なものにしていくことができます。

しかも、三・四年生というのは、非常に知識欲旺盛で、いろいろなものを見たがり、知りたがります。そういう意味では、この類別という認識の方法を学ばせるにはうってつけの心理的発達の段階といえます。

◉条件・仮定・予想する力を育てる

ものごとを認識・表現するときに、条件的にものを見る力は三年生の大切な認識方法です。

条件には、**主体的な条件**と**客体的な条件**があります。客体的条件というのは**状況的条件**とも言います。たとえば生物を例にとると、まず、主体の条件は、種でいえば種そのものの内的な条件です。次に、その生物にとっての自然とか環境といった状況的条件があります。種が生きているだけでは発芽しません。発芽するためには、水、適当な温度、そして空気が絶対に欠かせません。これを**必要にして十分な条件**と言います。発芽の条件と言ってもいいでしょう。

条件的にものを見ることをわかりやすく言うと、「人による」、「ものによる」、「時による」「場合による」ということです。相手によるとも言えます。これは、外的な条件です。たとえば、子どもがよく「先生はこの間、これをやってもよいと言ったじゃないか。どうして今は悪いの。」と言います。先生は、「あの時はあの時だ。今日は今日だ。」と言います。この例では、子どもは条件を抜きにして、ものを見ているのです。先生は条件をもとにして、ものを見ていることになります。これは、時と場合による外的条件・状況的条件のひとつの例です。

主体の条件というのは、「……だからこそ」ということです。「母親は母親だからこそ、そういうことを言ったりしたりするのだ。」というように、「母親というものは」「母親だからこそ」と母親の特質、特性という見方をしますが、これもやはり条件です。

条件には、必要な条件、十分な条件があります。それからまた、変革可能な条件、不可能な条件というものもあります。マイナスの条件をプラスの条件に変換するという問題も、人間の生き方の中には出てきます。条件の中には、基本的な条件、不可欠な条件、「○○が△△として成立する条件」という問題もあります。

◇四年で育てる力

◉四年の課題――構造・関係・機能

四年の中心課題は、ものごとを**構造的・関係的・機能的**に見たり、考えたりすることです。すべてのものごとには、構造（つくり）があり、関係（つながり）があり、機能（はたらき）があります。文章にも、社会にも、自然にも、森羅万象のものごとには、構造・関係・機能があります。ものごとを構造・関係・機能で見る、考えることができる力を育てることが四年で中心に学ばせたい認識の方法です。

◉違う領域の横の関連を押さえる

教科書を開くと、いろいろな領域が詰め合わせ状態になっています。いろいろな領域が、関連づけられることもなく、ばらばらに指導されています。ばらばらでは困るので、文部科学省では言語事項を軸にして系統化して、各学年の領域を一本化しようと試みています。言語事項とは、文字の指導や文法指導のことです。

しかし、文芸研では、すべての領域を言語事項でつなぐのではなく、**「ものの見方・考え方」〈認識の方法〉**で各領域をつなぎます。幸い説明文でも、物語文でも、作文でも全領域を認識の方法を軸にして、関連づけることができます。

たとえば構造的・関係的・機能的にものを見る力を説明文で育てると、物語や作文、言語事項、文法の中でも関連づけ、とりたてて指導することになります。

◉教科書をどう見るか

残念なことに、現在の教科書は、認識の方法を軸にする考え方に基づいて企画・編集されている教科書ではありません。文部科学省のいう言語事項を中心として系統化するという考え方で企画・編集された教科書ですから、私どもが考えるような教科書にはなっていません。たとえば、中学年から古典―俳句・和歌―が出てきます。古典は高学年、中学で扱うべきものです。

認識の方法を系統的に教えるには、扱いにくいところ、非常に不都合なところがあります。しかし、これは現状としては、いたしかたないことです。しかも教科書を使って授業をするということが建て前であり、現状ですから、せめて子どもたちのものの見方・考え方を育てるという立場で、教科書をできるだけ生かして使ってください。

第二章

教材分析・指導にあたって

1 視点について

◇視点人物と対象人物

すべての文芸作品は、①だれの目から描いてあるか、②どこから描いてあるか、という視点があります。

話者（語り手）はいつでも人物をわきから《外の目》で見て語っています。しかし、時にはある人物の目と心で、《内の目》で見ることもあります。どの程度の重なり方があるかで、①〜の側から、②〜に寄りそう、③〜に重なる、という違いがあります。

話者（語り手）が《内の目》で見て語るほうの人物を視点人物と言います。見られるほうの人物を対象人物と言います。

視点人物と対象人物には、表現のうえで違いがあり、また読者のとらえ方も違ってきます。

（左の表を参照のこと）

人物	心・姿	表現	読者
視点人物（見る側）	心（内面）	よく描かれている	よくわかる
	姿（外面）	とらえにくい	よくわからない
対象人物（見られる側）	心（内面）	とらえにくい	よくわからない 会話や行動で推測できる
	姿（外面）	よく描かれている	よくわかる

◇同化体験・異化体験・共体験

《内の目》で視点人物と同じ気持ちになった読みを《同化体験》と言います。《外の目》で視点人物も対象人物も評価する読みを《異化体験》と言います。《同化体験》と《異化体験》をないまぜにした読みを《共体験》と言います。《共体験》で、より切実な深い読みができます。

◇視角

話者の《外の目》がある人物の《内の目》によりそい、重なったとき、それをその人物の視角から語ると言います。

❷西郷文芸学における《美と真実》とは

◇自然の美と芸術の美

花が美しいとか、きれいな夕焼けとか、あるいは心の美しさというときの《美》を、自然の美、素材・題材の美といいます。絵画や彫刻、音楽、演劇、文芸など芸術における美は、美しいとか、きれいというのではなく、むしろ、おもしろいとか、味わい、趣きというべきものでありましょう。これらを芸術における美、あるいは虚構における美、略して虚構の美と呼んでいます。

◇虚構（文芸）の美

文芸の美は、素材・題材の美しさと直接には関係がありません。ありふれた、あるいは醜いものでも、文芸において表現されたものは、独特の味わい、おもしろさをもっています。芸術は素材の美醜にかかわらず、虚構の方法によって虚構の美（芸術の美）を創造します。なお、虚構の美を西郷文芸学では、「異質な（あるいは異次元の）矛盾するものを止揚・統合する弁証法的構造の体験・認識、表現・創造」と定義しています。

料理にたとえると、甘さと酸っぱさという異質なものをひとつにとけあわせた風味（美味）といえましょう。

◇美の相関説

花が美しいというとき、花そのものに美があると考える立場を美の客観説といいます。花を美しいと思う人間の心に美があるとするものを美の主観説といいます。西郷文芸学においては、主観（視点）と客観（対象）のかかわりかたに美があるという相関説を主張しています。光と物と影にたとえると、光（主観）と物（客観）との相関関係によって影（美）を生ずるというわけです。光と物は実体概念ですが、影（美）は関係概念です。

美が相関的であるということは、読者の主体性が問題になるというわけです。

◇美の発見・創造

美とはあるものではありません。読者が見出し、つくりだすものです。読者が主体的に文芸作品と「対話」して、そこから発見、創造するものです。文芸（虚構の世界）とは、読者も創造（虚構）する世界であるといえましょう。

◇美の体験・認識

美というものは、まず体験されるものです。美の体験は、感動をもたらします。文芸作品の虚構の構造（美の弁証法的構造という）を読者が明らかにしたとき、それは美の認識といいます。美の認識は、さらに美の感動（体験）を深めるものとなります。

◇美のカテゴリー

美というものは、さまざまです。料理の味にいろいろあるように、文芸の味わい（美）もまた多種多様なのです。ユーモアもペーソスも美の一種です。俳諧における「わび・さび・しをり・かるみ」なども美のカテゴリーにはいります。

◇美と真実

ドイツの国民的詩人といわれるゲーテは、「詩における美と真実」という有名なことばを残しています。すべて、すぐれた文芸というものは、人間の真実を美として表現するものです。真実にはいろいろあります。たとえば、親が子を慈しむのは、親という人間の真実です。真実とは人間普遍のものです。

真実とは、読者が「なるほど、わかる」と実感できるものです。共感できるものです。そのことを人間普遍の真実といいます。

そして、そのような真実がおもしろい、味わい深いと感じられたとすれば、それは真実が美として表現されているといいます。

真実――なるほど

美――おもしろい

すぐれた文芸は、「なるほど・おもしろい」というものとしてあるといえましょう。そのことを「花（美）も実（真実）もある」とたとえています。

ところで、《美と真実》といえば、美と真実が二つ別個にあるように誤解されがちですが、美と真実は表裏一体のものです。表あっての裏、裏なき表はない―ということです。真実のありようが美なのです。美として体験していることが実は真実なのです。

◇美と真実の教育

文芸教育は他の教科教育と相まって人間観・世界観を育てる教育であり、それを美と真実の教育というありかたで実現するものです。芸術教育はつねに《美》が問題となることを忘れてはなりません。わが国の教育では、《美》の教育が軽視されてきました。知の教育に偏ってきました。いまこそ美と真実の教育を中心にすえるべきだと思います。

文芸教育において《美と真実》は究極のテーマといえましょう。

❸ 西郷文芸学における《虚構》とは

◇虚構とは何か

本シリーズでは《虚構》という用語が使われています。世間一般でも「虚構」という用語はよく見られる用語です。しかし、そこでの「虚構」は、「つくりごと」とか「つくりばなし」、あるいは「フィクション」という意味で使われています。それは世間一般の通念としての「虚構」の考え方です。

西郷文芸学では、「文芸とはことばの芸術であって、虚構である」と言っています。その場合の《虚構》とは、「現実をふまえて、現実をこえる世界」のことです。ですから世間一般の「虚構」の考え方とは、ずいぶん違っています。詩や俳句、短歌、物語、小説などすべてを《虚構》と言います。

◇虚構の世界

《虚構の世界》とは、日常的な常識的な意味をこえた、非日常的な、反常識的な深い思想的な意味が発見される、あるいは創造される世界のことです。これは、《虚構の世界》をつくる大事な目的なのです。《虚構》は、自分や世界を日常的な目で見るだけでなく、《虚構の目》、文芸の目で見ることによって日常のなかに深い意味を見つけ出す力をもっています。また、そのような働きをもっています。つまり、《虚構》は未来を先取りすることや、理想を先取りすることができるのです。だから現実を批判する、文明批評という機能・はたらきをすることになるのです。

◇虚構の方法

文芸作品には《虚構の世界》をつくるために、いろいろな**《虚構の方法》**が使われています。《虚構の方法》とは、現実を再構築する方法です。現実とは、日常とか常識と言い換えることができます。そのような現実をふまえながら日常や常識をこえた世界、現実をこえた《虚構の世界》をつくる方法を《虚構の方法》と言っています。比喩も一つの《虚構の方法》です。視点、構成もそうです。その他、類比・対比といった認識の方法なども《虚構の方法》です。

◇読者も虚構する

現実は私たちの肉眼で見えますが、私たちの目では見えないものもあります。それを見るために《虚構の方法》があります。それを比喩的に**《虚構の目》**と呼んでいます。文芸の世界、《虚構の世界》とは、作者が《虚構の方法》を使ってつくりますが、読者はそういう文芸作品を相手取って、読者もまた作品の世界を自分自身の読み方で読むことになります。それを「主体的な読み」と言っています。《虚構の世界》は作品の内部にあるのではなく、読者が主体的にその作品と切り結んだときに、読者と作品のあいだに生まれてくる世界です。これが《虚構の世界》なのです。それを西郷文芸学では、**「読者も虚構する」**「読者も創造する」と言っています。また、そういう読みこそが本当の「主体的な読み」になります。

読者が作品を《虚構の世界》としてとらえなければ、これは単なる文章を読んだだけのことであって、そこから深い意味を見出すことはできません。主体的に読むことで読者が逆に自分自身を批判して、乗りこえていくという可能性も出てきます。

❹「単元を貫く言語活動」について

◇「単元を貫く言語活動」の縛り

改訂学習指導要領で「言語活動」が全教科で重視（前学習指導要領では「内容の取扱い」として例示されていたのが、指導事項として格上げ）され、とりわけ国語科では「単元を貫く言語活動」が強く押し出され、教科書・学力テスト・各種官製研修を通してその徹底が図られています。地域によっては指導案にも「単元を貫く言語活動」を細かく指示しているものもあります。「指導すべき項目」として格上げされた言語活動例―観察・実験やレポートの作成、記録・要約・引用・説明・論述・編集のなどの言語活動例が示され、多くの時間を割くようになりました。

学習指導要領の改訂のたび言語操作・技術主義の学習活動が増え、言語と生活の分離に拍車がかかり、子どもたちのことばの力（伝達、想像、認識・思考、表現・創造）を伸ばすことによって人間的成長をめざしていくという国語教育本来の目標からますます離れていくことに、私たちは警鐘を鳴らしてきました。

全国一斉学力テストの出題問題をみても、「読むこと」「書くこと」のどんな力が国語の学力として誘導されようとしているのかが読み取れます。非連続型テキストの「読解」「表現」として「読まない文芸・説明文教育」「書かない作文教育」の方向に授業が明らかに誘導されています。そこには、戦後日本の教師たちが理論的実践的に創造してきた現実認識を育て、人間的発達と密接にかかわるところの文芸教育・作文教育を含む国語教育全体を貫く背景をも取り去ろうとしていることは大きな問題です。

文芸教材や説明文教材の読みに時間をかけないで（「ざっくり読み」なる言葉が登場しました）、さまざまな言語活動が学習の中心となる学習風景が広がっています。言語活動例をあらかじめ示し、その動機づけに教材を扱う「単元構成学習」も教材の読みを丁寧に扱わないという点では同様です。

国語の授業で一番時間をかけなければならないのは、日本語そのもの（表記・文法・語彙・発音など）の教育と「読むこと」「書くこと」の領域です。文芸教育、科学的説明文・論説文の指導、作文教育こそ系統的な指導が必要なのです。

◇全国一斉学力テストと国語教科構造・内容の変質

全国学力テストが実施された結果、国語の教科構造・内容の強引な変更が行われました。「伝え合う力」の強調と実践の形式主義の広がりの後は、「活用力」です。「思考・判断・表現」を活用型学力とし、ＰＩＳＡ型学力調査に対応しようとしました。学力を基礎基本の習得（Ａ問題）と活用力（Ｂ問題）の二段階に分けて示しています。今までの学力テストの問題でも明らかなように、非連続型テキストの読解・討論・要約・推薦などの言語活動が具体的な問題として出題されました。

学習指導要領では、国語を三領域一事項―「A話すこと・聞くこと」「B書くこと」「C読むこと」と「伝統的な言語文化と国語の特質に関する事項」―とし、各学年相応の時間を配分しているにもかかわらず、学力テストの「C読むこと」の出題では、いわゆる説明文や物語文の読解の力をみる設問は皆無に等しいのです。「B書くこと」も要約が中心であり生活作文はもちろん登場しません。

「活用」とは場面設定を卑近な生活次元におろし、実用的な「言語処理能力」に狭めたものになっています。そもそもPISAなどの学力調査で指摘されたのは「主体的に理解し、主体的に表現できない」日本の子どもたちの問題でした。「知識基盤社会」の中で、国際競争力をどう確保するのかという人材育成の発想にとどまっており、結局教育を国家的・経済的視点からしか発想せず、平和と民主主義の発達、そして個人の生涯にわたる発達保障という視点が決定的に欠けています。

「活用力」の中身の「思考・判断・表現力」そのものには異論はありません。私たちも日々の教育活動で子どもたちに「思考・判断・表現力」、換言すれば《認識と表現の力》をつけたいと考えています。学習指導要領で「理解と表現」といっていた時代から、文芸研では《ものごとの本質や人間の真実を認識し表現する力を育てる》ことを主張し、国語の全領域を串刺しにした関連・系統指導（認識方法による関連・系統化）で実践を積み上げてきました。本書も《ものの見方・考え方》（認識方法）を育てる国語の授業づくりという観点で編集されています。

⑤「伝統的な言語文化」の登場とその扱い

◇学習指導要領・国語の特徴

学習指導要領・国語は、戦後一貫して実用主義、言語活動主義の延長線上にあり、「話す・聞く」「読む」「書く」という言語活動の場面を三領域として設定し、その方向性は今改訂でも踏襲されています。しかし、従来の「言語事項」が「伝統的な言語文化と国語の特質に関する事項」に変えられ、「改正」教育基本法や「改正」学校教育法の伝統・文化の尊重、国を愛する態度（愛国心）の育成を反映したものになりました。

◇発達段階をふまえたものになっているか

小学校一・二年では、「昔話や神話・伝承など」が、三・四年では「易しい文語調の短歌や俳句」の「音読・暗唱」、「ことわざ・故事成語」の「意味を知り、使うこと」が、五、六年では「親しみやすい古文や漢文、近代以降の文語調の文章について、内容の大体を知り、音読すること」が述べられています。三・四年の短歌・俳句は、従来は高学年で扱っていたものであり、五・六年の教材を見るとほとんどが中学校用教科書で従来扱われていたものです。

◇音読・暗唱中心の問題点

共通することは、内容の理解よりも音読・暗唱中心で、声に出して読むことでリズムや響きを身体で感じ取らせようとしていることです。「伝統文化の理解は古典の学びから……日本語という言語体系そのものが日本の文化の象徴であることにも気づかせたい」（梶田叡一・中央教育審議会委員）という意図がわかります。日本語の美しさ・優秀さを強調し、愛国心・民族意識を涵養しようとしているといえます。音読・暗唱の教育的意義をすべて否定するものではありませんが、戦前・戦中の教育勅語や歴代天皇名の暗唱に代表される鍛錬主義には、抑制的であるべきです。

◇どのような扱いをすればいいのか

「説明」「報告」「メモ」「提案」「手紙」「記録」などの言語活動を扱う単元が増え、さらに「伝統的な言語文化」の増加で、限られた時間の中では、どう考えても詰め込み教育にならざるを得ません。「詰め込みでは」という批判に対して、「個々の児童生徒の理解の程度に応じた指導への転換を」と文部科学省は強調していますが、学習上の格差が拡大するのは明らかです。では、実際、子どもたちの力をつけるために教室ではどうするかです。それは、結論的に言うと、子どもの発達段階をこえた教材には多くの時間をかけないで紹介的に済ませるということです。文芸や説明文、作文指導に多くの時間をあてるといいでしょう。短歌や俳句などは、従来どおり高学年で鑑賞指導も含めて文芸教育として丁寧に扱ってほしいと思います。

❻文芸の授業をどのように進めればいいのか

文芸研では、導入の段階としての《だんどり》、展開の段階としての《とおしよみ》《まとめよみ》、整理の段階としての《まとめ》という授業段階を考えています。

◇《だんどり》の段階

授業の《ねらい》を達成するために必要な生活経験の思い起こしをさせたり、作者や作品の背景についての予備知識を与えたりして、学習に興味をもたせ、読みの構えをつくります。

◇《とおしよみ》の段階

この中には《ひとりよみ》《よみきかせ》《はじめのかんそう》《たしかめよみ》があります。ここでは、イメージの筋に沿って、その場に居合わせるように、ある人物の身になってわがことのように、また、わきからそれらの人物をながめるようにさまざまに《共体験》させます。この《たしかめよみ》に一番多くの時間をかけます。

ここで大切なことは、《ねらい》に沿って切実な文芸体験をするために視点をふまえたイメージ化や表現方法、文法をきめ細かく血の通った形で学ばせることです。

◇《まとめよみ》の段階

《まとめよみ》では、《たしかめよみ》で学んだことをふまえて、人間の真実やものごとの本質・価値・意味（思想）をとらえさせます。また、作品から自分にとっての意味を見つけることと（典型をめざすよみ）、作者が作品世界や人間を表現している方法（虚構の方法）を学ぶことが課題になります。

◇《まとめ》の段階

《おわりのかんそう》を書かせたり、発表させたりして、学習をしめくくると同時に、《つづけよみ》などをして、関連づけて実践したい学習への橋渡しをします。

《だんどり》から《まとめ》までの指導＝学習過程で大事にしたいことは、授業の《ねらい》を一貫させることです。

7 読書指導について

◇読書の目的

読書には知識を豊かにするというほかにも大切なことがあります。それは、「人間観・世界観を学ぶ」ということです。

◇文芸の授業と読書の関係

読書指導の基礎になるのは、教師と子どもの集団で、確かさをふまえた、豊かで深い読みをする文芸の学習です。この中で子どもたちに文の本質、構造、方法などの基本的な知識を与え、あわせて文芸の正しい、豊かな読み方に習熟させます。そうすることによって意欲も生まれ、進んでさまざまなジャンル、テーマ、思想をもった作品に幅広く出合うことができるのです。深く学び広く読むことが、のぞましい読書指導です。

◇つづけよみ

ある観点でいくつかの作品を関連づけることによって、深い思想を生み出すことが期待できます。幼児や小学校の段階でも、授業の展開として絵本や短い作品数冊程度で《つづけよみ》させることができます。

《つづけよみ》では、同じ作家の作品を続けて読むことが多く見られます。一人の作家の世界をひとまとまりに知ることは、多くの作家の作品をばらばらに数多く読むということとは違った大きな意味があります。作家の考え・思想を深く学ぶことができます。

《つづけよみ》には、表現方法に着目して作家の共通する特徴をつかむ読み方もあります。同じ作家の場合、作品は異なっても、どこか共通する表現方法があります。構成や表現の仕方から作家の思想に近づくこともできます。小学校高学年にならないと難しいでしょう。

◇くらべよみ

《つづけよみ》の中に《くらべよみ》という方法があります。異なる作家が書いた作品で、題材やテーマが同じであっても違う考え方・切り口・表現方法（文体）をもった作品を比べながら読むやり方です。いくつかの作品の似ているところ、違うところを比べながら読むことにより一つひとつの作品では見えなかった深い意味を読みとることができます。

◇典型をめざす読み

作中の人物と自分とを重ね合わせて考える読みです。主人公の生き方と比べて自分をふり返る読み方をすることです。また、作品に描かれた状況を、読者が生きる今日の状況と重ねることも必要です。

◇読書記録

読書記録は、読書量を競うというより《つづけよみ》をして、考えを深めた自分のための記録です。

◇親子読書

経験の違う人と一つの作品を読み、とらえ方の違いを学ぶということもありますが、家族のつながりを深めることにも役立ちます。

第三章

四年の国語で何を教えるか

❶「春のうた」（草野心平）

◇題名・前文・本文

草野心平のこの作品は、題名が本来は漢字になっています。（ここでは題名を「春の歌」として説明します。）題名が〈春の歌〉となっているのに、本文は〈ほっ まぶしいな。／ほっ うれしいな。〉と、ずっとかな書きになっています。これは本文では**語り手（話者）**が〈かえる〉の身になって語っているからです。

前文の〈かえるは冬のあいだは土の中にいて春になると地上に出てきます。〉というところは漢字とひらがなで書かれています。これは語り手が、**《外の目》**（注1）で〈かえる〉のことを、自分の言葉で語っているからです。しかし、本文は語り手《外の目》が、〈かえる〉の**《内の目》**（注2）に「重なり」ながら〈かえる〉の「身になって」語っているので、〈かえる〉の言葉をイメージする「かな書き」になっているのです。この時、〈かえる〉のことを**視点人物**（注3）と言います。

一方、「春の歌」というのは視点人物の〈かえる〉の言葉でもなく、語り手の言葉でもありません。作者が付けた題名です。だからこれは「漢字かな交じり」になっているわけです。

◇声喩の本質

〈ほっ　まぶしいな。／ほっ　うれしいな。〉というのは、〈かえる〉の気持ちです。〈みずはつるつる。／かぜはそよそよ。〉の〈つるつる〉とか〈そよそよ〉という**声喩**（注4）は、ただ「みず」や「かぜ」の様子だけを表しているのではなく、「みず」と「かぜ」の皮膚感覚をも表しています。

〈みずはつるつる。〉の〈つるつる〉という声喩は〈みず〉の様子、あるいは〈かぜはそよそよ。〉というと〈かぜ〉の様子を表しているとだけ考えるのは理論的な誤りです。〈みずはつるつる。〉と思っているのは〈かえる〉です。厳密に言えば、語り手《外の目》が視点人物の〈かえる〉の《内の目》に「重なって」、〈かえる〉が見たこと感じたことを語っているのです。

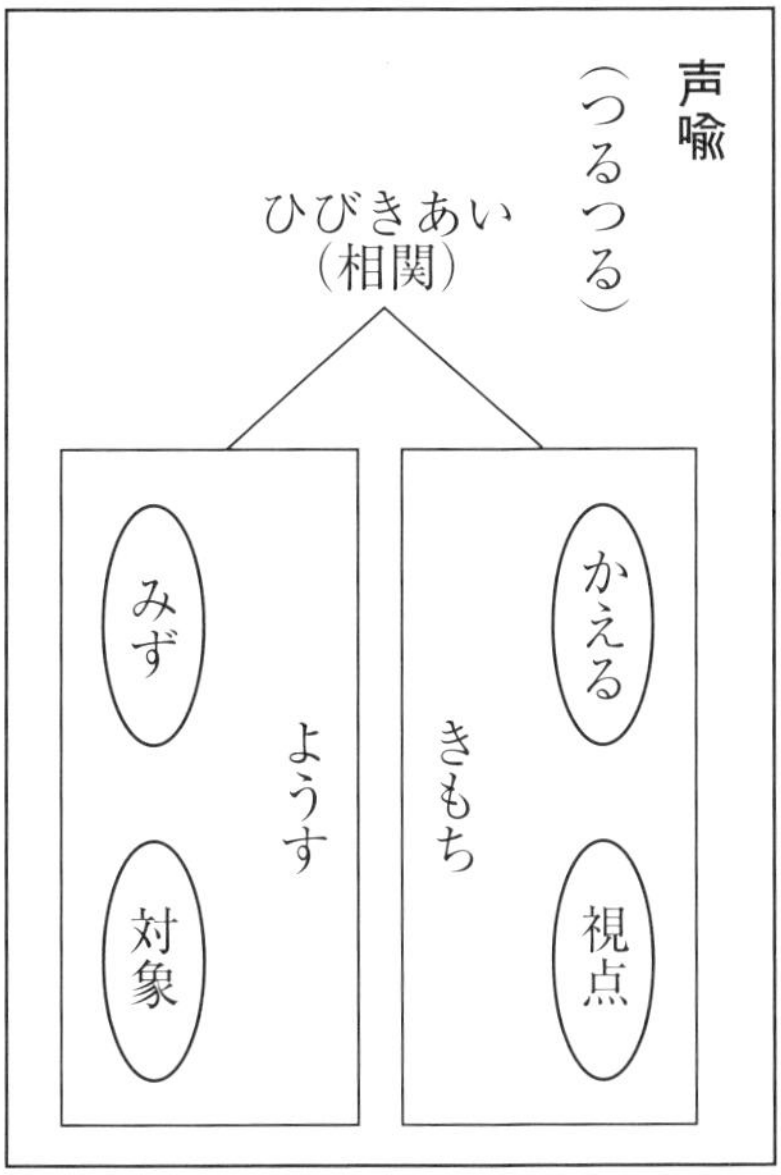

要するに、「ああ、みずはつるつる、かぜはそよそよ。ああ、気持ちいい」と〈かえる〉が感じているのです。〈ほっ　うれしいな。〉と感じているのは〈かえる〉なのです。作者の草野心平が言っているのではありません。

〈みずはつるつる。〉と感じている〈かえる〉を視点人物、〈みず〉を**対象事物**（注5）と言います。国語の理論書や指導書の中には、声喩の〈つるつる〉というのは、〈みず〉がどういう感じかと問うなど、〈みず〉の様子を表しているのだと考えています。しかし、声喩は対象だけを表しているのではなく**視点と対象の相関関係**を表裏一体に表現しているのです。これが**声喩の本質**です。視点人物の〈かえる〉は〈みず〉の感触を、いやだなと感じているのではなくて、気持ちがいいと感じています。そのことを〈つるつる〉という声喩で表しているのです。つまり、〈みず〉や〈かぜ〉の様子と、〈かえる〉の気持ちを同時に、表裏一体として表しているのです。〈みず〉や〈かぜ〉の様子と、それを受けとる視点人物の〈かえる〉の気持ちをまるごとに表現しているという声喩の本質をわからせることが、大事なねらいになります。

◇喜びが広がっていく

さて、**類別**すると、最初の二行の〈ほっ　まぶしいな。／ほっ　うれしいな。〉は、〈かえる〉自身（視点人物）の気持ちです。次の二行には〈みず〉や〈かぜ〉の様子と、それを受け止めている視点人物の気持ちが描かれています。〈ああいいにおいだ。〉というのも、においがどのように快いかという気持ちを同時に表現しています。〈ほっ　いぬのふぐりがさいている。／ほっ　おおきなくもがうごいている。〉というのもやはり、喜びの気持ちがその裏にあります。冬眠からめざめて地上に出てきたその目の前に、小さな紫色というか、青い花が咲いているというのは春の彩りです。花といえば虫、それは〈かえる〉の食べ物です。そして、雲は雨をもたらす〈くも〉です。雨は〈かえる〉にとっての喜びです。喜びを感じる感覚は、〈みず〉と〈かぜ〉の皮膚感覚、いいにおいという嗅覚、花とか雲などを見た視覚に類別することができます。

しかも、それを順序として見ると、まず眼がさめた瞬間の気持ちを肌に感じ、それから春のにおいをすい、そして今度は近くの花から遠くの空の〈くも〉へ目をやるという動きになります。身近なところからしだいに外へと広がっていくという順序・プロセス・過程になっています。このように**過程的**に見ていきますと、「春の歌」の詩の**構造・関係**が見えてきます。そして「春の歌」という題名は本文の内容を表すだけでなく、読者にオリエンテーションするという機能（はたらき）をもっていることがわかります。読者は題名を読んで、春の喜びを歌っている歌なんだ、だからそのつもりで読んでいこうと心積もりを与えるのが題名の機能です。

◇この詩にも「筋」がある

文芸作品で「筋」ということを言いますが、筋を事件の筋と考えると、この作品には筋がないということになります。しかし、文芸作品の筋・プロセスというのは、西郷文芸学では、**イメージの筋・プロセス**ですから、この詩にも筋があります。〈うれしいな〉という気持ちが、ずっとはじめからおわりまで語られているからです。ですから、〈つるつる〉にしても〈そよそよ〉にしても〈うれしいな〉という気持ちに裏づけられています。〈ああ　いいにおいだ。〉も〈いぬのふぐりがさいている。〉も〈おおきなくもがうごいている。〉も〈うれしいな〉という気持ちにつながっています。

つまり、語り手は視点人物の〈かえる〉の身になって、全てで春が来たことのうれしさを語っているのです。（これを**語り手・話者の話体**といいます）。そしてそれをふまえて、作者は「春の歌」という題名をつけ、春が来たことの喜び、生きることの賛歌として、すべてをひらかな書きで表現しているのです（これを**作者の作体、詩の場合は詩体**といいます）。

（注1〜3、5）**内の目・外の目**

西郷文芸学では、語り手の語り方を、語り手の《外の目》と人物の《内の目》との関係によって分析します。語り手の《外の目》は人物の「側から」、また人物の《内の目》に「寄りそい」、「重なり」、「離れる」と、自在に移り変わって（これを**相変移**といいます）語りを進めると考えます。その場合、語り手が相変移した人物を視点人物といい、視点人物が見ている物・人物を対象事物・対象人物といいます。

（注4）**声喩**

学習指導要領では、動物の鳴き声や物の音を表す言葉を「擬声語」（擬音語）、ものごとの様子を表す言葉を「擬態語」と類別して考えています。擬声語・擬態語にはどちらになるのか、きちんとわけることができない場合があるため、西郷文芸学では、両者をひとくくりに**声喩**（音声による喩え）と考えます。

（この項は、旧『指導ハンドブック中学年』の文章をもとに一部書き加えたものです。／村尾聡）

【参考文献】『西郷竹彦文芸・教育全集4／23／29巻』（恒文社）

【「春の歌」の指導案例】

◉ねらい

○春が来たことを〈かえる〉がはじめ・つづき・おわりと一貫して喜んでいることをとらえさせる。

○春の到来を喜ぶということは人間にもあてはまることであり、人間の真実として認識させる。

《だんどり》

前文を手がかりにして、「カエル」が冬のあいだはずっと冬眠し、静かにくらしていることを理解させます。詩の中の〈かえる〉は**人物**ですから、その〈かえる〉の気持ちになって冬のあいだ、じっと土の中で静かにしている気持ちを発表させるのもいいと思います。

《たしかめよみ》（主な発問）

Q１〈かえる〉は何が〈まぶしい〉のでしょう。なぜ〈まぶしい〉のでしょう。

（本文の二行を手がかりにして、〈かえる〉に**同化体験**させます。）

Q２〈かえる〉がうれしいとわかるところを探しましょう。

（〈ほっ〉という言葉、〈つるつる〉という声喩、〈ケルルンクック〉という鳴き声など、すべての表現が〈かえる〉の春の喜びという気持ちを表していることをとらえさせます。そのことと同時に、声喩の本質も理解させます。）

Q3　どんなかえるといえますか。

（〈かえる〉の人物像を意味づけます。「春が来たことがうれしいかえる」「春を楽しんでいるかえる」等の意味づけが考えられます。）

《まとめよみ》

Q4　読者のみんなには、どんな春の喜びがありますか。かえるの春の喜びと比べて考えてみましょう。

（春の喜びという人間の真実を自分の問題として考えることを**典型化**といい、文芸教育の重要な課題の一つと考えています。四年生であれば、新しい学年になった喜びや、新しいクラスになった期待などが考えられます。）

【「春の歌」の板書例】

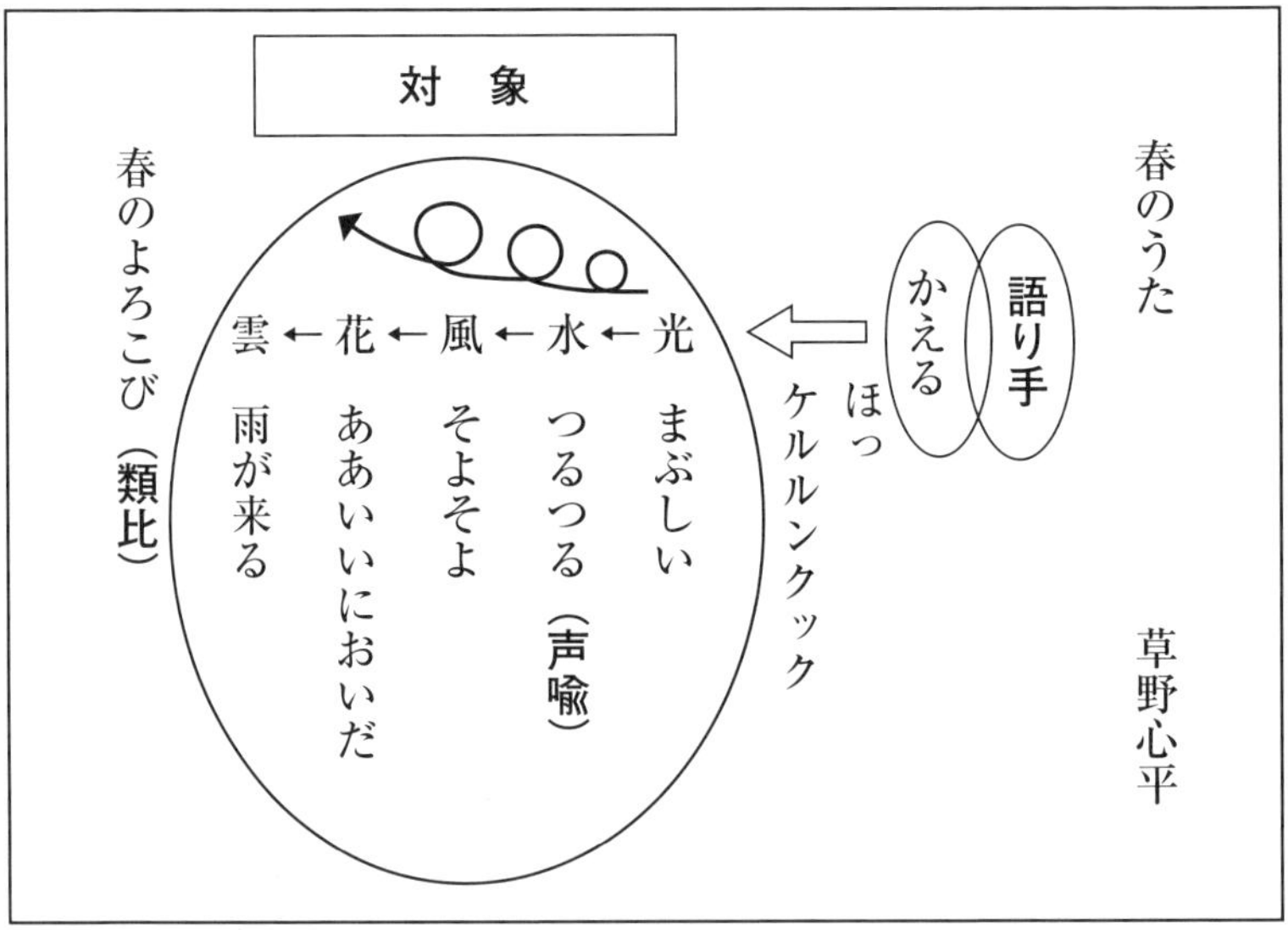

２「白いぼうし」（あまん　きみこ）

これは、あまんきみこの『車の色は空の色』という、連作を集めた童話集の中の作品です。全部、タクシーの運転手の松井さんが主人公として語られています。非常に評判がよくて、続編が出ており、それぞれがおもしろい作品です。

◇ひびき合っている書き出しと結び

まず、「白いぼうし」という題名と、〈「これはレモンのにおいですか。」ほりばたで乗せたお客のしんしが、話しかけました〉という書き出し、この二つは、四年生になったら特にとりあげて指導してほしいことです。

題名については、後にまわして、まず書き出しについて見ていきましょう。書き出しが、会話から始まっています。前おきなしに会話から始まると、読者は興味をひかれ、すっとその話の中に入っていけます。ですから、こういう書き出しも、大変効果的です。

また、〈「これは、レモンのにおいですか。」〉という書き出しと、〈車の中には、まだかすかに、夏みかんのにおいが残っています〉という結びのところがひびき合っています。**首尾照応**しているといいます。このあたりも、指導のポイントの一つになると思います。これは、作文指導にもつながることです。

◇松井さんの基本的人物像をとらえる

〈今日は、六月のはじめ。夏がいきなり始まったような暑い日〉からお話が始まります。ここには、〈白いワイシャツ〉、信号の〈赤〉、信号が〈青にかわる〉といった非常に明るい「色彩」が満ちあふれています。それから「におい」（なつみかんのにおい）が、ずうっとこのお話の中ににおっています。このように、視覚、嗅覚に訴える表現が多いのがこの作品の特徴です。

〈信号が赤なので、ブレーキをかけてから、運転手の松井さんは、にこにこして答えました〉。ここに、松井さんの人柄が出ています。大変、心のやさしい人だとわかります。

また、〈「きのう、いなかのおふくろが、速達で送ってくれました。」〉というところに松井さんの想像力の豊かさがあります。においまでわたしにとどけたかったのでしょう。母親のやさしさをちゃんと受け止めるぐらいの想像力のある人物です。ですから、お母さんの愛情を受け止めて、一番大きいなつみかんをこの車に乗せたのです。非常に嬉しかったのでしょう。このように、松井さんはやさしさや明るさをもつ想像力豊かな人です。このような基本的な人物像が、まず書き出しの場面で描かれています。最初の場面で、そこをしっかり押さえてください。松井さんの性格は**視点人物の条件**です。

◇松井さんの目と心に寄りそって

この後の松井さんの言動にも基本的人物像がくり返されています。〈アクセルをふもうとしたとき、松井さんは、はっとしました。「おや、車道のあんなすぐそばに、小さなぼうしが落ちているぞ。風がもうひとふきすれば、車がひいてしまうわい。」〉ここからも、松井さんが大変想像力豊かな人物だとわかります。それがあることで、走るのに別にじゃまになるわけでもないですから、目にも留めないのが普通です。〈小さなぼうしが〉というところで、「あっ、子どものぼうしだな。」、それを「車がひいたらかわいそうだな。」と直感したのです。やはりこれも松井さんのやさしさです。

このあたりから、話者が松井さんの目と心に寄りそって、あるいは重なって語っている感じになってきます。〈緑がゆれているやなぎの下に、かわいい白いぼうしが、ちょこんと置いてあります〉。〈かわいい〉という表現は、松井さんの目と心でとらえた表現です。〈ちょこんと〉というのも、愛らしく感じる松井さんの目と心があります。〈置いてあります〉は、風に吹かれて転げてきているという感じではなくて、そこに置いてある感じです。そこで、松井さんが、わざわざ車から出ます。わざわざ車を止めて、ぼうしをとりに行きます。そこにも、松井さんの人柄が表れています。ところが、つまみあげたとたんに、ふわっと何かが飛び出します。〈何かが飛び出しました〉とあるのは、瞬間、何であるかわからなかった松井さんの目と心に寄りそって語っていますから、こういう表現になるのです。〈「あれっ。」〉と思った松井さんがもんしろちょうだとわかったとき、〈もんしろちょうです〉と、話者が語ります。ここは、話者が、松井さんという人物の目と心に重なっているところです。

◇現実と非現実のあわいに成り立つ世界

あわててぼうしをふり回した〈松井さんの目の前を、ちょうはひらひら高くまい上がると、なみ木の緑の向こうに見えなくなってしまい〉ます。また、ぼうしをとりあげてみると、〈「たけやまようちえん　たけの　たけお」〉と〈赤いししゅう糸で、小さくぬい取りがしてあります〉。この名前は、ちょっとおもしろいと思います。〈たけやまようちえん〉というと、どこにでもありそうな名前の幼稚園です。〈たけの〉という姓もあるし、〈たけお〉という名前もあります。けれど、〈たけやまようちえん　たけの　たけお〉と、三つ並ぶと、本当かなあと感じます。

この作品はファンタジーで、「現実と非現実のあわいに成り立つ世界」です。現実と思えば現実、非現実と思えば非現実という世界が、この〈たけやまようちえん　たけの　たけお〉というところにも表れています。

◇くり返される言動から人物像をとらえる

さて、〈小さなぼうしをつかんで、ため息をついている松井さん〉がいます。この〈ため息をついている〉というところに、松井さんのやさしさが表れているのです。「やあ、悪いことをしたなあ。かわいそうなことをしたなあ。」という気持ちがあります。その様子をおまわりさんは「大の男が何やってるんだろう。」とじろじろ見ながら通り過ぎていきます。松井さんのほうは、〈「せっかくのえものがいなくなっていたら、この子は、どんなにがっかりするだろう。」〉と思います。ここにも、松井さんの想像力とやさしさが表れています。このやさしさのくり返しを**類比**してみると、松井さんの人物像が浮きぼりにされてきます。類比するところをとらえると、ものごとの本質や真実をとらえることができます。松井さんの人間性は、くり返ししくり返し姿を変えて表れます。

さて、この松井さんが急いで車にもどります。何をするのかと思えば、なんと夏みかんをとり出します。〈あの夏みかん〉というのは、お母さんが送ってくれた、しかもその中で一番大きい、大切なあの夏みかんです。

そこに〈まるで、あたたかい日の光をそのままそめつけたような、見事な色でした〉という比喩があります。〈すっぱい、いいにおいが、風で辺りに〉広がります。その夏みかんを、ちょうの代わりに白いぼうしの中に入れておきます。本当にやさしい人物だということが、ここでもわかります。しかも、〈飛ばないように、石でつばをおさえ〉ます。これもやさしさの表れで、なかなか細かいところまで気のつく人だとわかります。

次に、一行空きがあって、次の場面になります。

〈車にもどると、おかっぱのかわいい女の子が、ちょこんと後ろのシートにすわっています〉。この〈かわいい〉とか〈ちょこんと〉というのは、全部、松井さんの目と心がとらえた女の子のイメージです。女の子のことを愛らしく思っています。「なんだ、人がいないあいだに勝手に座り込んで、けしからん女の子だ。」という感じではありません。ここにも松井さんのやさしい人柄があります。だから、このように〈かわいい〉〈ちょこんと〉という表現になるのです。

〈「道にまよったの。行っても行っても、四角い建物ばかりだもん。」つかれたような声でした〉。これを、松井さんは、不思議だとも何とも思っていません。だから、〈「ええと、どちらまで。」〉と、たずねます。〈「え。――ええ、あの、あのね、菜の花横町ってあるかしら。」〉。この子は、街をあまり知らないと思ったのでしょう。だから〈「菜の花橋のことですね。」〉と、ちゃんと言い替えています。この受け答えが、大変親切です。松井さんは、こんな小さな女の子にも、きちんとした丁寧な言葉を使って受け答えをしています。

〈エンジンをかけたとき、遠くから、元気そうな男の子の声が近づいてきました〉。すっかり興奮して、ちょうをとったことを見せたいので、お母さんの手を引っぱってきています。〈「ぼくが、あのぼうしを開けるよ。だから、お母ちゃんは、このあみでおさえてね。あれっ、石がのせてあらあ。」〉という男の子にしてみれば、「なんで、石がのっかっているんだろう。」と、びっくりしたと思います。〈客席の女の子が、後ろから乗り出して、せかせかと言いました。「早く、おじちゃん、早く行ってちょうだい。」〉、何か急いでいるのでしょう。だから、松井さんは〈あわててアクセルを〉ふみます。お客の女の子が「早く」と言うから、松井さんもそれにつられて、あわててアクセルをふみます。これもやっぱり、松井さんの人のよさです。

〈「お母さんが、虫とりあみをかまえて、あの子がぼうしをそうっと開けたとき——。」〉……「あの子は、どんなに目を丸くしただろう。」〉と松井さんは思います。これも想像力豊かな松井さんらしい想像です。〈ぽかっと口をO《オー》の字に開けている男の子の顔が、見えてきます〉。男の子がびっくりして驚く様子を想像して、〈ひとりでにわらいがこみ上げてきま〉す。松井さんは本当に想像力豊かな人です。

このように、松井さんのやさしい人柄が、くり返しくり返し語られています。

たしかめよみでは、「松井さんは、どんな人物か。」を中心に考えさせてください。そして、松井さんはやさしく、思いやりがあり、細かいところまで気がつき、想像力豊かな人物だというところを押さえます。

〈バックミラーには、だれもうつっていません〉と、あります。読者も「おかしいなあ。どうしたんだろう。」と思います。そこで、その次を読んでいくと、団地の前の小さな野原で、〈白いちょうが、二十も三十も〉飛んでいます。〈クローバーが青々と広がり、わた毛と黄色の花の交ざったたんぽぽが、点々のもようになって〉さいています。初夏の明るい、街を少しはなれた田園の、色彩豊かな世界です。ぼんやり見ている松井さんに、こんな声が聞こえてきました。〈「よかったね。」「よかったよ。」「よかったね。」「よかったよ。」〉と。ここに、〈シャボン玉のはじけるような、小さな小さな声〉という比喩がありますから、これは、ちょうの声という気もします。本当にちょうの声なのか、それとも、想像力豊かな松井さんだから、なんとなくそういう声が聞こえたような気がしたのか、定かではありません。〈夏みかんのにおいが残っています〉というのも、夏みかんはありませんが、夏みかんのイメージが残っている感じがします。

◇初読と再読の読みを重ねるおもしろさ

初読のときは、読者は松井さんに寄りそって**〈内の目〉**読んでいきます。たとえば、車にもどるというところを、松井さんに寄りそって読んでいくと、女の子は「普通の女の子」として読めます。ところが、結末まで読むと、あの女の子はちょうの化けた女の子ではないか、あるいはちょうだったのではないかという思いもしてきます。

再読の段階になると、松井さんは女の子の正体を知りませんが、読者はその正体を知り、ちょうではないかと思います。

そのように読むと、〈「道にまよったの。行っても行っても、四角い建物ばかりだもん。」つかれたような声でした〉のところも、まったく反対の二重の読みが可能となります。ここを、松井さんの目と心に寄りそって読めば、初読の段階では別におかしくもありません。ところが、再読の段階ではちょうだからではないかと思えます。「ああ、そうか。あの原っぱのちょうが迷って、その上あの男の子に追いかけまわされて、つかまってぼうしに伏せられたのでつかれたということか。」と読めます。「ちょう」と言えば「菜の花」というイメージがあります。ですから、〈菜の花横町〉とあれば、ちょうかもしれないという感じがします。そして、〈「本当だよ。本当のちょうちょがいたんだもん。」〉とあれば、なんとなく、これは、本当のちょうだったのではないかと、読めてしまいます。

あの男の子が出てきたときに、お母さんに対して男の子が〈「このあみでおさえてね。」〉と言います。そのあとに読者は「すると」という「つなぎ言葉」を入れて読みたくなります。すると、それを聞いて客席の女の子（ちょう）が、せかせかと〈「早く、おじちゃん、早く行ってちょうだい。」〉と言ったように読めます。「あっ、あのおそろしい男の子が来た。またつかまっては大変。早く行ってちょうだい。」と言ったのだなあ、と読者には読めます。

初読の段階で、松井さんの目と心に寄りそって読むと「女の子」として読めます。しかし、再読の段階では、松井さんに寄りそわずに読者の**外の目**で読むと、ちょうとして読めます。ちょうではないと思って読むとそのようにも読めるし、ちょうであると思って読むとやはりそうも読めます。まるっきり反対の読み、解釈が同時に成り立ちます。現実と思えば現実、非現実と思えば非現実というように読めます。現実と非現実の矛盾する読みが同時に可能です。これがファンタジーのおもしろさです。

文章というものは、まったく反対の意味を同時に表すことができます。現実の女の子だとも読めるし、非現実のちょうだとも読めるという、まったく反対の解釈ができる表現があります。文芸の文章は、多くの場合、二重性、三重性をもっています。それを曖昧さという人もいますが、曖昧だから悪いのではなくて、曖昧であることが豊かな、ふくらみのある、厚みのある世界をつくり出すということもあるのです。初読と再読で読みが違ってくるため、その二つを重ねるおもしろさがあるところが、一つのポイントです。

◇松井さんのやさしさがもたらしたもの

くり返し書かれているのが、松井さんのやさしさと想像力の豊かさということでした。この松井さんのやさしさは、何をもたらしたのでしょう。その結果として、松井さんのやさしさのためにちょうも救われ、男の子にもまほうの夏みかんを手にいれた喜びをもたらします。松井さんの愛情ある行動の結果によって、どちらも、ある幸せを得ることができたといっていいでしょう。これは、愛の真実がもたらすものと考えていいでしょう。

◇題名「白いぼうし」のはたらき

題名を問題にしましょう。題名は、**構造**からいうと作品の最初、本文の前にあります。では、本文とどういう**関係**があるのでしょう。

題名は、本文の中のある大事なことと関係があります。たとえば「八郎」は主人公の名です。それから、主題と関係のある題名もあります。作品の中の非常に大事な題材と関係のある題名もあります。

題名は、本文の内容と密接不可分な、重要な関係をもっています。このようにとらえることが、**関係的**にとらえるということです。

この「白いぼうし」という題名は、本文とどういう関係をもっているのでしょうか。「白いぼうし」というのは、描かれたもの**（形象・イメージ）**です。その〈白いぼうし〉が、他の形象、たとえば〈松井さん〉〈男の子〉〈女の子〉〈ちょう〉〈夏みかん〉などの人物形象や自然形象とどういう関係をもっているかを見ていきましょう。この〈白いぼうし〉が登場するのは、作品の中頃です。要するに、作品の前と後ろをつなぐような位置に〈白いぼうし〉が登場します。〈白いぼうし〉の位置を**構造的・関係的**に見ていきましょう。これは、文図を書くとわかりやすくなります。〈白いぼうし〉を中心に、〈松井さん〉〈男の子〉〈夏みかん〉〈ちょう〉〈女の子〉〉が結びついていることがわかります。松井さんは〈白いぼうし〉を通して〈男の子〉と結びつき、〈ちょう〉、あるいは〈女の子〉は、〈白いぼうし〉を通して〈男の子〉と結びついています。それから、〈松井さん〉は、〈白いぼうし〉の中に〈夏みかん〉を入れ、〈男の子〉は〈白いぼうし〉を通して〈夏みかん〉と結びついています。このように、構造的・関係的に見ていくと、〈白いぼうし〉が作品の中心になって、あとの形象は全部〈白いぼうし〉を媒介にしてつながり合っているということがよくわかります。ということは、この〈白いぼうし〉が、この作品の中で非常に大事な位置、役割をもっているということです。〈白いぼうし〉を題名にすえたわけが、はっきりと浮かびあがります。

このように見る見方・考え方が、ものごとを《構造的・関係的》に見るということです。文図を書くなどすればよくわかると思います。作品の中で大事な役割をもつ「白いぼうし」が題名になっています。題名が「白いぼうし」となっているからこそ、読者である私たちは、なぜ、題名が「白いぼうし」なのかを考え、作品の中のこういう構造・関係の中心に位置するものだとわかったのです。言ってみれば、題名が読者にそれだけのことを引き起こしたのです。

もし、これが「松井さん」という題名でしたら、こういうように構造的・関係的に見るということはなかったかもしれません。

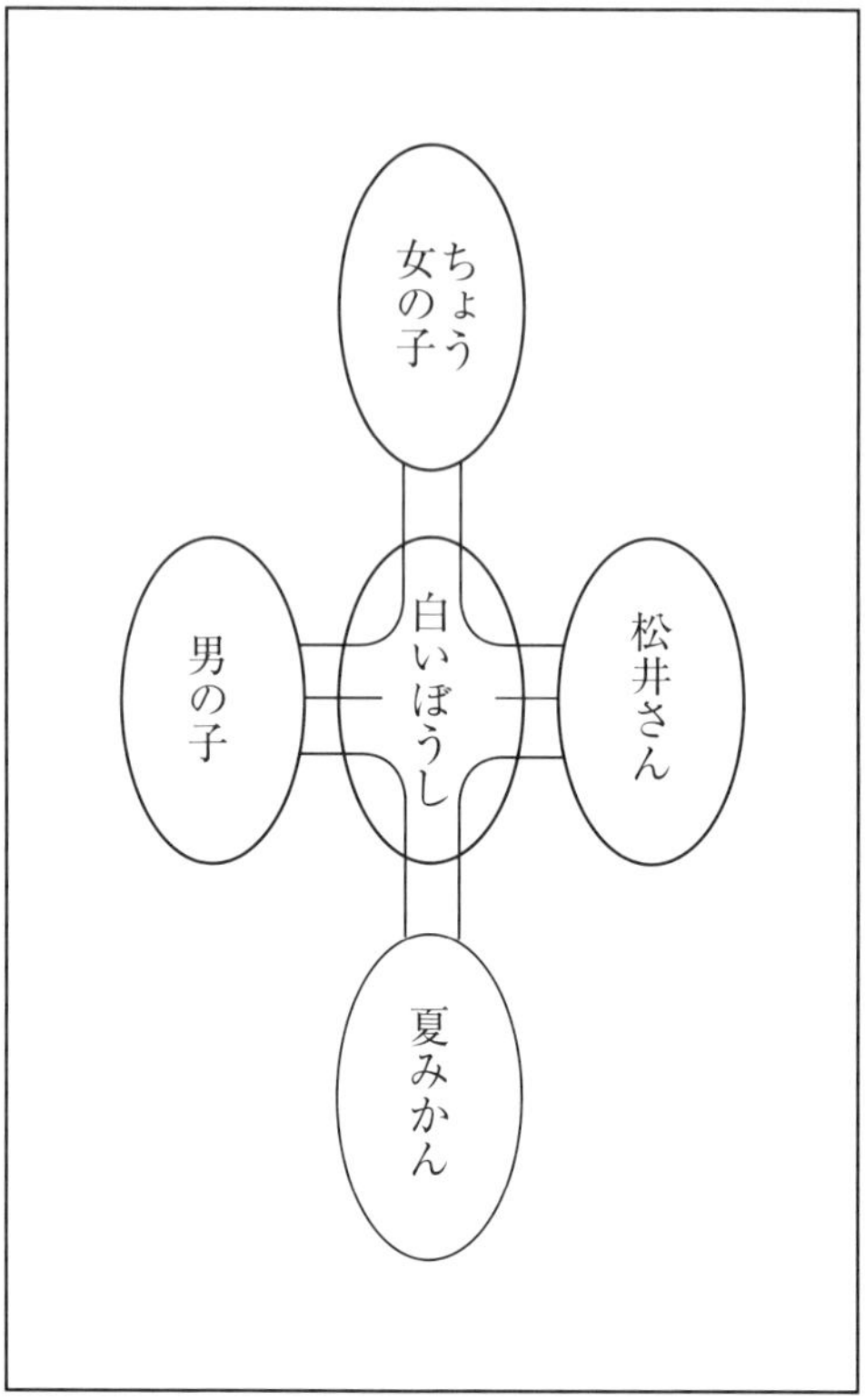

◇《つづけよみ》「山ねこ　おことわり」（一二八頁～）

「白いぼうし」では、やさしく、細かいところまで気がつき、想像力が豊かな松井さんの人物像を造形してきました。そして、**現実と非現実のあわいに成り立つファンタジーの世界**を体験します。文芸研では《まとめ》の段階で同一作家の作品の**つづけよみ**を提唱しています。

「白いぼうし」は、『車の色は空の色』の中の一つの作品です。巻末に「山ねこ　おことわり」が掲載されています。読書指導の《つづけよみ》の具体的な仕方を学ばせる意味でも、一連の作品の《つづけよみ》をし、あまんきみこのファンタジーの世界のおもしろさを丸ごと味わわせたいものです。

（この項は、旧『指導ハンドブック中学年』の文章をもとに一部書き加えたものです。／前田康子）

【参考文献】『西郷竹彦文芸・教育全集4／23／29巻』（恒文社）
『意味を問う教育』（西郷竹彦著・明治図書）
『文芸研教材研究ハンドブック7　あまんきみこ―白いぼうし』（文芸研編・明治図書）

【「白いぼうし」指導案例 ―― 全体の概要】

◉ねらい

○人物の言動を類比することで、人物像をとらえさせる。
○初読と再読の違いから、ファンタジーの世界を味わわせる。
○相手の気持ちを想像し行動に表すやさしさは、相手だけでなく、自分も周りも幸せにするものであることに気づかせる。

《たしかめよみ》（おもな発問）

Q1　松井さんはどんな人物でしょう。くり返し「言っていること」と「していること」を見てみましょう。

Q２　夏みかんのイメージと松井さんの人物像（イメージ）をひびき合わせてみましょう。

Q３（初読）松井さんの目と心で女の子を見てみましょう。

（再読）女の子をちょうだと思って読んでみましょう。（ファンタジーの世界を体験させる）

《まとめよみ》

Q１　松井さんのやさしさは、何をもたらしたのでしょう。

Q２　題名の「白いぼうし」は、本文とどういう関係があるのでしょう。〈松井さん〉〈男の子〉〈女の子〉〈ちょう〉〈夏みかん〉と、どういう関係をもっているのでしょう。

Q３　やさしい行動で、みんなが幸せな気分になったことはありませんか。（典型化）

【「白いぼうし」二場面の板書例】

白いぼうし　あまんきみこ

二場面

◉めあて　松井さんはどんな人物か

松井さん

はっと

ひいてしまうわい

よく気がつく

相手の気持ちをそうぞうし、すぐ行動する人物

車から出ました
「あれっ。」
あわてて
「わざわざ…おいたんだな。」
ため息をついて
せっかくの…
「どんなにがっかりするだろう」
急いで車に…

すぐに行動
相手のことを思う
自分もがっかり
男の子のことをそうぞうできる

あの夏みかん

まるであたたかい日の光を…そめつけたような
おふくろから送られてきた大切なもの　思いやり

白いぼうし

飛ばないように
「まほうのみかんと思うかな。」

すぐに行動　やさしい
ちゃめっけがある

③漢字の組み立て

漢字を組み立てている部分にはへんとつくりのほかの部首例が教科書二六・二七頁に載っています。この図を見ると、九宮法（一マスを九つに分けた上に字をバランスよく書くこと）が使われていることがよくわかります。縦横三分割した枠の中に漢字を入れると、「かんむり」は上段一列に入り、「あし」は、下の一列に入ると全体のバランスのとれた形のよい字が書けます。「あし」「にょう」「たれ」「かまえ」も九宮法を使って書けばいいことがわかります。これまでに学習している「へん」や「つくり」も同じです。

新出漢字の指導の際には必ず、部首の名称も覚えさせて、できるだけたくさんの部首名に慣れさせます。

（この項は、旧『指導ハンドブック中学年』の文章をもとに一部書き加えたものです。／寺村記久子）

④漢字辞典の使い方

漢字辞典を引く時、漢字の画数の数え方で注意することがあります。たとえば、画数を数えて、仮に「九画」だとします。「九画」のところを見て、探している漢字がなかったら、再度画数を数え直させて、一画多いか少ないところを引かせます。なぜなら、四年生の児童にとって画数を正しく数えることは、そう簡単ではないからです。音訓引き、部首引き、総画引きの三種類の引き方を指導し、新出漢字の時にこの三種類の引き方を使い分けて調べさせていくと身につきます。また、熟語には二字熟語や四字熟語があります。これらを漢字辞典で引いてみるのもいい方法です。

（この項は、旧『指導ハンドブック中学年』の文章をもとに一部書き加えたものです。／寺村記久子）

❺よりよい話し合いをしよう

「学級全体で話し合って考えをまとめたり、意見を述べ合ったりする」言語活動の単元です。学級全体で話し合うためには、司会者や書記、時間係、提案者などの役割を決めて運営できること。参加者は、互いの話をよく聞き、考えの共通点や相違点を確認しつつ進行に沿った話し合いに参加することが望まれます。

特別活動における集団としての意見をまとめる話し合い活動などとも関連づけ、日常生活に生きてはたらくように多くの機会を設定することが大切です。

（上西信夫）

⑥「大きな力を出す」（西嶋尚彦）

◇構造的・関係的・機能的に見る

説明文の表現の形式、表現の仕方そのものに**構造**・**関係**・**機能**があります。文章の**構造**、文章の前後の**関係**、書き出しの**機能**、例を使うことにどんな**機能**があるかなどです。構造は「つくり」に、関係は「つながり」に、機能は「はたらき」に置き換えることができますが、四年生ともなるとそのまま漢語で使えるようにしたいものです。

◇題名の機能

題名を読むと、「どんなときに大きな力を出すのだろう。」「どうすれば大きな力が出せるのだろう。」と思います。題名が、この説明文の**観点**になっています。また、読者に興味・関心をもたせる**仕掛の機能**（はたらき）もあります。

◇説明文の観点

書き出しでは、〈わたしたちは、ふだん、とくに考えることもせずに呼吸をしています〉と読者のだれでもうなずける常識的なことから書き始めています。次に〈とくに考えることもせずに〉ということと**対比**して〈でも、考えて呼吸すると、もっと体の力を引き出すことができます〉と書いています。そのため、読者は「ええっ、どんなふうに考えて呼吸をすれば力がでるんだろう。」と興味・関心をもって読むことになります。ここも仕掛のある表現になっています。

教科書の脚注には、〈文章のはじめには、話題がしめされます〉と書かれています。それだけでなく、ここは、この説明文の言いたいこと、考え、結論が書かれており、説明文全体の**観点**にもなっています。

また、〈考えて呼吸すると、もっと体の力を引き出すことができ〉るというのは、筆者の**仮説**ともいえます。

◇体験による説得

②段落では、〈体のどこかを思い切り動かしてみましょう〉と、読者に誘いかけ実際に体験を通して説得しようとしています。そして、読者自身やスポーツ選手が、運動中に声を出している事実を確認しています。筆者の言いたいこと、考えを実証するために必要なことです。

③段落では、スポーツ選手が大きな声を出す**理由**は、〈息をはくときに、いちばん大きな力を出すことができ〉ることをよく知っているからだと述べています。ここでは、息をはくこと、大声を出すことが、力を出すための理由になっていることが述べられています。

④段落では、人と力を合わせるときの息の仕方を考えさせています。〈しずかに、だまって……してみてください〉〈かけ声をかけながらしてみましょう〉と比べながらどちらのほうが

力を出せるかわからせるようにしています。ここでも呼吸を意識することが大きな力を出せる理由になっていることを証明しています。ここでも読者に体験させせながら筆者の言いたいこと、考えを実証しています。

⑤段落には、考えて呼吸すると体の力が引き出せる根拠、理由をまとめています。表現は少し違いますが、①段落の書き出しと同じように〈呼吸を意識することで、筋肉は、より大きな力を出すことができます〉と筆者の言いたいこと、考え、結論が書かれています。首尾照応したまとめになっています。

◇文章全体の構造と関係

文章の内容から言えば、①段落で説明文の観点を提示し、②段落で事実を示し、③④段落でその理由を書き、⑤段落で考えをまとめています。別の言い方をすれば、①段落で結論を提示し、②③④段落でそれを実証し〈理由を示し〉、⑤段落で再び結論を述べているのです。また、筆者の思考の流れで考えると、①が仮説、②③④は実験、⑤は検証と考えられます。

このようにして、この教材では文章を構造的・関係的・機能的に考える力を育てたいものです。

（前田康子）

❼「動いて、考えて、また動く」（高野　進）

◇題名と書き出しの機能

〈動いて、考えて、また動く〉という題名から、〈動いて〉終わるのではなく〈考えて、また動く〉、つまり、これらの行為がくり返されるというイメージがわいてきます。読者は〈動いて、考えて、また動く〉ってどういうことなんだろうと先を読みたくなります。これを**仕掛**といいます。同時にこの説明文が、〈動く〉と〈考える〉という二つの行為の関係を**観点**にした文章だとわかります。

「書き出し」は、〈運動でも勉強でも、「まず動く、そして考える」ことが大切です〉で始まります。筆者ははじめに説明文の**観点**を示し、この二つの行為が運動に限らない大切なことだと知らせています。〈そうして何度も成功や失敗をくり返しながら工夫を重ねる〉（「試行錯誤」を重ねる）と、〈きっと、自分にとって最高のものを実現できます〉と「結論」を先に述べています。

そして〈わたしは、かつて陸上四百メートル走の選手であり、今はコーチ〉〈最高の走り方を目ざして……長年の経験〉という表現から、筆者は、走ることの「専門家」だとわかります。欄外を読むと、「読者」は、「筆者」が三回のオリンピック出場者であり、しかも記録保持者であることを知ります。このように、筆者がどんな人物かを知らせると、読者に対し説得性が出てきます。そして、筆者が語ることがらに対して読者の「信頼感」が高まります。

◇仮説を立て、検証し考察する

二段落では、走り方を〈考える〉きっかけになったいきさつが語られています。今まで一般的に言われてきた〈「ひざを高く上げて」「あしを思い切り後ろにける」、つまり大きな動作で走る〉という練習方法を続けると、苦しくて最後まで力が続かず、疑問に感じ始めたことが語られています。読者も、では、ほかにどんな練習方法があるのかと思います。ここも仕掛になっています。

三段落は、その疑問に答える形で書かれています。筆者は〈少しでも楽に走れ〉る〈べつの走り方をあれこれためしてみ〉たのです。〈あれこれためして〉みるというのは、「試行錯誤」をくり返し、何度も**仮説**を立て「実験」「検証」「考察」するということです。静岡県での記録会でも、〈すばらしい結果〉が出たのは〈必ずしも大きな動作で〉走ったからではないと気づきます。

四段落では、〈動いて〉〈考えて〉〈また動く〉ことによって、「ひざを高く上げる」のは〈ただ高く上げるのではなく地面を強くふむ〉ために大切であると気づいたとあります。ここで読者は、「ひざを高く上げる」のは「地面を強く踏む」ためだったのだと、その練習方法の**意味**を知らされます。大切なことは、大きな動作をすることではなく、そのことの意味がわかることです。これは、自分の仮説の正しさを走る（動いて）ことを通して（検証・考察して）、わかったのです。

五段落は、今まで一般的に言われてきた「あしを思い切り後ろにける」方法ではなく別の方法の発見についてです。〈忍者がぴたあっと下り坂をかけ下りていくようなイメージ〉で走ると〈体のむだな動きがなくなり、すうっと進んでいけ〉るというのです。意外な方法ですが、これも、自ら仮説を立ててそれを検証していると言えます。

六段落は、「うでで走れ」と言われる意味をわかりやすく説明しています。読者にも〈両手を後ろに組んで……走ってみてください〉と、〈うでのふりも重要である〉という仮説をもとに実験・検証するように呼びかけています。そうすることで「走」では「うでをふること」がいかに大切かを読者は知ります。

七段落でくり返されているのは「自分」という言葉です。「自分にあった走り方」を見つけることの大切さを説いています。それは〈人によって、ほねの長さや筋肉のつき方はちがう〉からです。

結びは、〈自分にとって、最高のものを実現する〉ために何が大切かをまとめています。それは〈「まず動く、そして考える」〉ことだと言っています。これは、〈まず動き〉そこでの疑問や失敗をもとに自分なりの仮説を立てる（そして考える）ということです。〈成功や失敗をくり返し〉、〈工夫を重ねていくことで、あなたにしかできない方法が、きっと見つかるはず〉だと読者の〈あなた〉に語りかけているのです。

（足立あつ子）

❽ 短歌・俳句に親しもう（一）（二）

「伝統的な言語文化」事項への変更で前教科書から中学年で俳句・短歌を指導することになりました。高学年の古典や漢文の指導とあわせて音読・暗誦中心で、声に出して読むことでリズムや文語調の響きを身体で体得させることをねらっています。

上巻（一）、下巻（二）に名歌・名句といわれている短歌と俳句が取り上げられています。芭蕉・蕪村・一茶の句や石川啄木・与謝野晶子らを取り上げています。解説もついていますが、俳句・短歌の本質や美にふれるものではありません。音数、季語などの条件さえ満たせば俳句・短歌になるかというとそうではありません。

有名な芭蕉の「古池や蛙飛びこむ水の音」や子規の「柿くへば鐘が鳴るなり法隆寺」がなぜ革命的な名句なのか、そのようなことが理解できて初めて俳句の鑑賞も創作（吟行や句会など）も可能となります。俳句の眼目である異質なものの取り合わせができるのは、**関連**づける力です。

という認識方法は高学年の課題です。字数が少ないから三・四年でも可能だろと考えるのは早計です。従来のように俳句は高学年で鑑賞指導とあわせてあつかうのが妥当だと考えます。

（俳句の理解のためには『名句の美学』。啄木の三行詩については『啄木名歌の美学』共に西郷竹彦著・黎明書房を参照してください。）

（上西信夫）

⑨新聞を作ろう

「疑問に思ったことを調べて、報告する文を書いたり、学級新聞などに表したりすること」の言語活動単元です。総合学習の調査・探究学習と関連づければ、ダイナミックな学習に発展する可能性のある単元です。学習の結果を新聞形式で報告する方法や読みやすい紙面づくり（見出し・わりつけ・図表）など具体的な場面を設定し経験を積ませることです。

学級新聞作りの活動は、学級の自治・文化活動を豊かにします。取材の仕方―インタビュー、図書館やインターネットの利用、アンケート調査など―を指導することも大切です。

（上西信夫）

⑩「ふるやのもり」（瀬田貞二）

◇作品のジャンル〜由来にまつわる昔話

〈昔、ある村の外れに、じいさんとばあさんが住んでいました〉と語りだされることから、この話は昔話だということが分かります。また、この昔話は、「さるの顔はなぜ赤いか。さるのしっぽはなぜ短いか。」を語る由来にまつわる昔話です。これに似た民話は他にもあり、おおかみがとらであったりほらあなが野井戸であったりします。このようにこの作品は、昔から各地で民衆に語り継がれてきた口承文芸であることがうかがえます。

また、似たような話は中国やインドにもあるそうです。

◇単元のねらい

この単元は、〈聞いて楽しもう〉とあり、〈この話のおもしろさは、どんなところにあると思いますか。友達と話しましょう〉となっています。では、この話のおもしろさとは何でしょう。それはどのような**仕組（構造・関係）**になっているのでしょう。このことをまず理解して授業しなければなりません。

◇初読と再読で異なるおもしろさ

まず、題名が〈ふるやのもり〉となっていますが、**初読**では読者にもその意味は分かりません。何のことだろうと思って読み進めていくことになります。このように読者に興味や関心を持たせて次を読みたくさせるような工夫を**仕掛**とよびます。仕掛のある題名は日記や作文を書く時にも意識させたいものです。

じいさんとばあさんは、自分の家におおかみとどろぼうが忍び込んでいるとは知りません。ですから、読者は、じいさんとばあさんがこの先どうなっていくのだろう、子馬はどうなるのだろうか、と心配しハラハラドキドキしながら読んでいきます。つまり仕掛のおもしろさに乗っかって読んでいきます。

しかし、**再読**ではどろぼうとおおかみがどうなったかはもう分かっていますから、じいさんとばあさんの話を聞いて一喜一憂するどろぼうとおおかみを読者は笑って読み進めることになります。つまり、〈「このおれが、おそろしいのか。」と、たわしのようなひげづらをくずして、にかにか笑って〉いるどろぼうを「この先自分がどうなるかも知らないで。」と笑いながら読んでいくことになります。

また、〈「そりゃ、山のお犬の、おおかみじゃ。」〉と言われて〈とがったきばをガチャガチャさせて〉喜んでいるおおかみを見て、「喜んでいる場合じゃないぞ。」と微笑んでしまうことになります。そして、極めつけは、〈「この世で、いちばんこわいという、ふるやのもりというもんは、どんな化け物だろう。」〉とこわがって体をちぢめるはりの上のどろぼうとわらの中のおおかみの姿を滑稽に思って読みます。

◇ユーモアというおもしろさ

このような笑いを**ユーモア**と言います。ユーモアとは、人物の行動と読者の考えとのズレや食い違いによって引き起こされる笑いのことです。再読だと、どろぼうとおおかみの言動は大まじめなのですが、読者は結末を知っているのでどろぼうとおおかみより優位に立って読めるのです。そのことで、まじめにしている人物の言動が読者に滑稽に思えるのです。

しかし、古い家のあちこちで、雨もりがしてきてじいさんとばあさんが〈「そら、ふるやのもりが出た。」〉とさけんだとたんに、初読では読者も正体が何か分からないので、どろぼうやおおかみと一緒になってどきっとし、びっくりします。ところが、その後のどろぼうとおおかみの言動には、たとえ初読でも思わず笑ってしまう子もいることでしょう。それは、読者にも〈ふるやのもり〉の意味が「古家の（雨）もり」だということが、ここで分かるからです。

したがって、ここからは、初読でも再読でも、どろぼうとおおかみのやりとりに**ユーモア**を感じながら読んでいくことになります。

◇人物と読者との関係

では、なぜ**ユーモア**を感じながら読めるのでしょうか。それは、人物と読者との関係によります。ふるやのもりの正体を「人物（どろぼうとおおかみ）は知らないし読者も知らない。」という関係が、「人物（どろぼうとおおかみ）は知らないが読者は知っている。」という関係になるからです。そのことで読者は人物より優位な立場になって人物の言動におかしみを覚えるのです。

◇なぞときのおもしろさ

どろぼうがとび乗っているのはおおかみだと分かってからは、初読では、このあとどろぼうとおおかみはどうなるのだろう、さるはふるやのもりだと思い込んでいるどろぼうをどう退治するのだろうか、どろぼうは退治されるのだろうか、とこの先を楽しみにして読んでいくという仕掛のおもしろさがあります。

しかし、再読では、読者は結末が分かっていますから、なぜさるが登場してくる必要があったのか、どうしてさるのしっぽが長くなくてはならなかったのか、なぜどろぼうは深いほらあなに隠れなければならなかったのか、など話の展開の裏にある作者の意図（仕組）を確認する、いわゆるなぞときのおもしろさになります。

「なるほど、ほらあなに隠れたことが、こういう結末につながっていたのか。」「さるが選ばれたことで、こういう結末につながったのか。」など、作者の仕組のうまさを感じ取らせることもこの作品のおもしろさになると思います。

◇子どもたちにどんな力を育てるか

では、この教材で子どもたちにどんな力を育てることになるのでしょうか。ひと言でいうと、**構造的・関係的・機能的**に見る力を育てることになります。言いかえると、仕組と仕掛をとらえる力を育てるということです。

題名は、作品の最初にくるものです。構造的に見ると作品のはじめに位置するのが題名です。では、その題名はどんなはたらき（機能）をするのでしょうか。それは、読者に「〈ふるやのもり〉とは何のことだろう。」「おもしろそうだから、次を読んでみよう。」という興味や関心を持たせる機能（はたらき）があると言えます。

また、ユーモアを生み出しているのは、この作品が「人物は知らないが、読者は知っている。」という構造や関係を持っているからです。つまり、「人物は知らないが、読者は知っている。」という作品の構造や人物と読者との関係が、ユーモアという笑いを生じさせるはたらき（機能）をしているのです。

◇題名の意味

〈ふるやのもり〉という題名は何を意味するのでしょうか。〈ふるやのもり〉は繰り返し何度も出てきます。**類比**は強調と同時にものごとの真実を表現する方法です。

ふるやのもりは、じいさんとばあさんにとってはどろぼうよりもおおかみよりも何よりも一番こわいものです。古今東西、建物とは風雨から身を守るものです。民衆にとっては、その建物から雨もりがするということは何よりこわいことです。それは、民衆ならば誰もが持つ正直な心でしょう。ここには民衆の心の真実がこめられています。

しかし、どろぼうとおおかみは「それより何よりこわい」と聞いて、その正体が分からないままふるやのもりをこわがります。こわいと思ってしまえばどんどんとこわさは募っていくもので、自分で勝手にこわさを増幅させてしまいます。

これは、私たちにも思い当たることではないでしょうか。「正体見たり枯れ尾花」ということわざもあるように、正体をよく知らないでこわがっていたが、正体が分かってしまうと「何だ、こんなことをこわがっていたのか」と笑ってしまうことはよくあることです。

民話は民衆が語り継いできた口承文芸です。「さるのおしりはなぜ赤い。さるのしっぽはなぜ短い」という由来にまつわる昔話を通して、「正体が分からないものほどおそろしいものはない」という人間の真実を語り継いできたのではないでしょうか。

◇民話の指導について

民話は語りの文芸です。以上のような「作品のおもしろ」さを教師がしっかりと分析し解釈した上で、教師が《よみきかせ》し、子どもたちが語りの世界へ入っていくことが大切です。この昔話は、仕掛やユーモアで語り進められますから、子どもの反応を見ながら声の強弱・緩急・抑揚・間といったことに気をつけて《よみきかせ》してほしいと思います。子どもたちもしっかり聞いておもしろさを感じ取り、読み方を工夫して他の人に語って聞かせることができるようになればいいと思います。

（佐々木智治）

【参考文献】『西郷竹彦文芸・教育全集7巻』（恒文社）
旧『ハンドブック4年の国語「茂吉のねこ」』（新読書社）

⑪「一つの花」（今西祐行）

◇特殊な視点であることを考慮して

この作品は、一貫して**話者**（語り手）がすべての人物を**外の目**で**異化**して語っている作品です。普通は話者がそこに登場する人物のだれかの目と心に寄りそって、あるいは重なって語ることが多いのですが、この作品はある意味では特殊な作品です。日本の文芸作品の中でこういう**視点**をとっている作品は極めて少なく、小学校の教材の中でも、ほとんどありません。ですから、そのことを頭において教材分析と授業のあり方に、特に注意してほしいと思います。

「話者の外の目で語る」というのはどういうことかというと、作品の人物の気持ちになって読む、つまり**同化体験**ということよりも**目撃者体験・異化体験**が中心になるということです。読者がゆみ子たちの言ったり、したりしていることを、すぐその場に居合わせているつもりで、その一部始終を見て、聞いていくということです。

話者はどの人物の内面にも入らず、どの人物の気持ちをも直接的に語らず、ただ言っていることと、していることを語ります。それから読者は、ある程度は人物の気持ちを推察することはできますが、それはあくまで読者がそのように推し量ったということで、本当にそうであるかどうかは決め手がないのです。文芸作品というのは読者が切実な体験をする世界ですが、この作品の場合は、作中の人物と一つになって体験するというよりは、異化体験・目撃者体験を切実にすることが大切です。

◇書き出しの二行のはたらき

仮に、〈「一つだけちょうだい。」／これが、ゆみ子のはっきりおぼえた最初の言葉でした〉という書き出しの二行をけずって、〈まだ戦争のはげしかったころのことです〉と、ここから物語を始めたらどうでしょう。

この物語を時間の順序で考えていくと書き出しの二行というのは、〈知らず知らずのうちに、お母さんのこの口ぐせを覚えてしまったのです〉の後に続いてくるはずです。もちろん、そこには作者のある意図があります。表現上の工夫として、作者はそういう**仕組**にしたのです。時間の順序を逆にして、後に言うべきことを前にもってきたわけを考えてみましょう。

〈一つだけちょうだい〉という、この言葉自体がまことに異様です。普通、幼い子どもの言葉として想像できることは「たくさんちょうだい。」とか「もっとちょうだい。」です〈一つ〉という言葉を使うとしても「一つちょうだい。」です。〈一つだけ〉という限定した言い方はめったにないことで、しかもそれが〈はっきり覚えた最初の言葉〉ですから、妙な言葉を覚えたなあ、という感じがあります。読者は「何でこんな言葉を覚えたのだろう。」という疑問をもつと思います。これは読者をこの後の話の中に引き入れる表現上の工夫なのです。

このような工夫を**仕掛**といいます。一般的に言えばこの作品の**構造**・**関係**・**機能**を問題にしているわけです。構造・関係というのは仕組と名づけています。また、機能というのが仕掛です。この作品の、時間の順序の後の出来事を先にもってくるという構成（仕組）が、どのような機能を読者にもたらすかが仕掛です。

なぜこんな異様な言葉を真っ先に覚えたのだろう、と思って読んでいくと、異常な時代だったことがわかります。さらに、それにしても、なんでこういう言葉を覚えることになるのだろう、と思って読み進めます。すると、〈食べる物といえば、お米の代わりに配給される、おいもや豆やかぼちゃしかありませんでした〉とあるので、そういう異常な時代だから、こういう言葉を覚えたことがわかります。しかし、こんなに食べ物がないのなら、なぜ「もっとちょうだい。たくさんちょうだい。」とならないのかとさらに疑問が生まれます。

ある程度事情がわかれば、逆にもっと疑問が深くなるという文の組み立てになっています。このようにずっと仕掛が続いていき、〈ゆみ子は知らず知らずのうちに、お母さんのこの口ぐせを覚えてしまったのです〉のところまできて、なるほど、それでかと、読者はやっと納得できるのです。

このように、仕掛を次々つくって読者を引っ張っていく力を書き出しの二行はもっています。これは作文の指導でも、文章表現上の工夫として当然必要となってくることです。四年生ともなれば、一、二、三年生のようにただ書きたい順序で書く、時間の順序で書くのではなく、話をどういう順序で、どのように展開していくかを工夫して書くようにならなければなりません。話の後先を入れ換えるという工夫も、四年生ともなればできます。また、文芸の授業でそのようなことを学習させていけば、おのずから作文の工夫をするということにつながっていきます。

◇強調の効果を引き起こす問いかけの文

さて、〈ゆみ子は、いつもおなかをすかしていたのでしょうか〉という問いかけの文があります。ここは、もちろん、おなかをすかせていたに決まっていますから、「おなかをすかせていました。」と書いてもいいのです。ところが、この作品は一貫して《外の目》で語る方法をとっていますから、人物の内面に入らないで、推測する文になっています。しかも、〈いたのでしょうか〉と問いかければ、当然読者は自分に問いかけられた感じがしますから、「もちろん、おなかをすかせていたにちがいない。」と答える仕掛になっています。答えることによって、そこが強調の効果を引き起こします。《外の目》から語られている文章は、人物の内面に立ち入らないのが基本です。しかし、どうしてもここで人物の内面を読者に受けとってもらいたいと思う時には、「問いかけの文」の形をとっています。このようなところが、この後も二か所出てきます。

◇〈一つだけ〉のくり返し

この作品は、題名の〈一つの花〉から始まり、お母さんの言葉の中にもお父さんの言葉の中にも〈一つだけ〉という言葉がくり返し出てきます。〈一つだけ〉という言葉が強調され、重みのある言葉であるということがわかります。

お父さんが、〈「いったい、大きくなって、どんな子に育つだろう。」〉と嘆いていますが、お父さんが一番心配していることは、〈「一つだけ、一つだけ」〉と言って、食べることだけにガツガツしている、心貧しい人間になってしまうのではないかということです。

そこで何もしてやれないお父さんが〈決まってゆみ子を高い高い〉します。その姿には、言葉にならないお父さんの嘆きが表れています。

◇地の文から話者の思い、態度を読みとる

地の文には、話者の気持ちや態度が直接なり間接なり出てきます。これまでの国語教育では、「人物の気持ち」は問題にしていますが、「話者の気持ち、態度」というのはまったく問題にしませんでした。しかし、話者はある思いをもって、自分が語っている人物に対して、語りの上に感情を表します。

たとえば、「ゆみ子のお父さんは」ではなく、〈ゆみ子のお父さんも〉という〈も〉は「なんとまあ、あのあまりじょうぶでないゆみ子のお父さんまでも」という思いを込めて使っているのです。「戦争に行く日」ではなく〈戦争に行かなければならない日〉という言い方にも、「強制されて、行きたくないのに行かなければならないのだ。」という話者の思いが表れています。出征するお父さんに対する気持ちから、話者の戦争に対する態度がはっきり表れています。

◇再び「問いかけの文」による強調

〈お母さんは、戦争に行くお父さんに、ゆみ子の泣き顔を見せたくなかったのでしょうか〉

という問いかけの文があります。

ここも、話者が《外の目》で語っていますから、お母さんの気持ちを直接語っていません。「見せたくなかったのです。」といえば済むことですが、話者はあくまで「《外の目》で様子だけを語る」という語り方に徹しています。ここで、読者は〈なかったのでしょうか〉と問いかけられれば、「それはそうだろう。」「ここで別れたら、もしかすると一生会えなくなるかもしれない。そういう時に泣き顔を見せるなんて不吉なことだ。」「戦地へ行く夫に子どもの泣き顔を見せないように、一生懸命努めているのだ。」というように理解すると思います。〈か〉という問いかけの中に、ここを強調したい作者の意図があります。

◇人間は条件的に生きている

見送りの場面です。お父さんは〈小さくばんざいをしていたり、歌を歌っていたりしていました〉と、ありますが、お父さんは出征そのものを喜んで万歳をしたり、軍歌を歌ったりするはずがありません。ゆみ子をあやすためにしているのです。このような行為を「心にもないしぐさ」と言います。一年生から三年生ぐらいまでは、思っていること、言っていること、していることが表裏一致しているような話がほとんどです。心で思っていること、言っていること、していることが裏腹になるものはなかったと思います。しかし、四年生ともなれば、「人間というものは、心で思っていることと違うことを言ったりしたりすることがあるのだ。」ということを理解できなくてはいけません。中には誤解する子もいるでしょうから、次に〈まるで、戦争になんか行く人ではないかのように〉と書いてあり、ゆみ子をあやすためだとわかるようになっています。

この場面の大事なものの見方・考え方に、「人間は、**条件的**に生きているものだ。」ということがあります。お父さんは、本当は戦争になんか行きたくないのです。愛する者と別れて、心を残して行きたくないのです。それなのに万歳をしたり軍歌を歌ったりしています。それはなぜでしょうか。それは、そうせざるをえない条件があるからです。周りは皆、出征する人たちであるという条件があります。それから、まだ幼いゆみ子は、わけを話してわからせることのできる相手ではないという条件があります。「時による、所による、人による、ものによる、場合による」ことを条件といいます。出征という場面だからこそ、相手がまだ幼いゆみ子だからこそ、万歳をしたり、軍歌を歌ったりしてあやしているのです。

他にもあります。お母さんがどうしておにぎりを全部ゆみ子に食べさせたかというと、他ならぬ戦争に行くお父さんを見送っている時にゆみ子が泣いたら、お父さんが心を痛めるからです。そういう条件があるから、このようなことをしているのです。

この教材で、人間を見るときには、条件をふまえた見方・考え方ができるよう、しっかりと指導してほしいものです。

◇〈ところが〉という接続詞から

〈ところが、いよいよ汽車が入ってくるというときになって、またゆみ子の「一つだけちょうだい。」が始まったのです〉とあります。ここにも、話者の気持ち、態度がはっきり表れています。

〈ところが〉という逆接の言葉は、前に言っていることと後に言っていることが逆になる場合、前のことを否定する言葉です。いわゆる通俗的な文法の考え方からすると、「前文の意味を否定して後文が続く場合に、逆接の接続詞がそこに入る」と教えます。そう教えるよりは、ここに話者の気持ち、態度が表れていると教えたほうがいいと思います。ここは話者が語っている地の文ですから。駅に着いてから、ゆみ子が落ち着いて、ぐずらないでよかったなあと思っていたのに、汽車が入ってくるという時になって、また「一つだけちょうだい」が始まったので、話者も困ったことになった、という気持ちになります。

〈ところが〉という言葉は、普通の文法書が説明しているように理解しないで、このように話者の気持ちが、接続詞に表れていると理解してほしいと思います。

◇心にもないこと

泣き出したゆみ子に、お母さんが〈「ゆみちゃん、いいわねえ。お父ちゃん、兵隊ちゃんになるんだって。ばんざあいって。」〉と言っています。この言葉も実は心にもないことを言っているのです。お母さんは、兵隊になることを喜んでいるわけではありません。言葉を額面どおり受けとってはいけません。四年生ですから、こういう場合だから、こんな人物（ゆみ子）に対して言っているのだから、このような心にもないことを言っているのだという条件的な人間の理解の仕方が大事なのです。

◇強めの表現

〈ゆみ子はとうとう泣き出してしまいました。「一つだけ、一つだけ。」と言って〉とあります。倒置法になっています。倒置法は強調の働きをします。

強調には、〈いくらでもほしがるのでした〉〈覚えてしまったのです〉というように〈～のでした。〉〈～のです。〉という強めの文末表現もあります。そこには、なんとまあ、という話者の気持ちが入っています。〈お父さんが、ぷいといなくなってしまいました〉というところでは、そばに居合わせて見ている（目撃者体験している）読者は、こんな時にいなくなるなんて、どこへ行くのだろう。食べ物でもさがしているのかなあ、と思います。ところが、お父さんは〈コスモスの花を見つけたのです。〉とあり、「えっ。」という感じになります。〈あわてて帰ってきたお父さんの手には、一輪のコスモスの花がありました。〉は、「お父さんは、手に花を持ってきました。」というのが普通です。ここは、話者も読者も、お父さんが何を持ってくるか関心のあるところですから、まず、手を見ます。そして、何を持ってきたかというとなんとそれは一輪のコスモスの花であった。なぜ花なのだろうという強調の表現になっています。

◇〈一つの花〉の意味づけ

〈わすれられたようにさいていたコスモスの花〉と、比喩表現が使われています。この比喩は、比喩でありながら一つの**象徴**になっています。戦時中は食糧が不足したために、花どころではありませんでした。花をつくる代わりにイモ、カボチャをつくれという時代でした。**美の価値**は棚あげされ、無視された時代でした。花といった美しいものは真っ先に切り捨てられました。〈わすれられたように〉というのは、コスモスの花に象徴される美というもの、文化というものが忘れ去られた時代であったことを表しています。

〈一つだけのお花、大事にするんだよう――。」〉これは、小さなゆみ子に話してもわかるはずはありません。これは、ゆみ子を抱いているお母さんに聞かせているせりふなのです。親にとってゆみ子というのは、「大事な一つの花」という意味をもっています。読者には、〈一つの花〉をそのように二重三重の意味あいをもって、受け止められるわけです。お父さんがそういう意味を込めたというよりは、読者がそういう**意味づけ**をすることができるのです。

◇父の子に対する願い

花をもらったゆみ子は〈キャッキャッと足をばたつかせてよろこびま〉す。ゆみ子がほしがっていたのは食べ物です。だから、読者は花一輪ではむずがり、泣き出すのではと思うのですが、ゆみ子が喜んだのでほっとして胸をなで下ろします。目撃者体験、異化体験の場合は、その場に居合わせた読者の気持ちや、話者の気持ちを問うことが大事なのです。

〈お父さんは、それを見てにっこりわらうと、なにも言わずに、汽車に乗って行ってしまいました〉。ここで大事なことは、ゆみ子が〈一つだけ一つだけ〉と食べ物にガツガツしていた場面とこの場面とを結びつけることです。すると、ここの〈にっこりわらう〉という様子が解釈できます。一輪の花を見て喜んでいるゆみ子の姿から、「美しいものを見て喜ぶ人間的な心が残っていた」とわかります。これはお父さんにとって、何よりもの慰め、安心であったはずです。それが〈にっこり〉という様子になって表れているのです。〈それから、十年の年月がすぎました。〉は、「あれから」ではなく〈それから〉です。話者も読者も、別れの場面から一緒にここへついてきていますから、つきはなした言い方ではなく〈それから〉となります。

◇浮かびあがってくるゆみ子の姿

〈でも、今、ゆみ子のとんとんぶきの小さな家は、コスモスの花でいっぱいに包まれています。〉の〈でも〉は、どういう意味でしょうか。〈お父さんの顔も覚えてい〉ないゆみ子を読者は、かわいそうだと思います。そういう気持ちを打ち消し、〈でも〉と言っているのです。今、曲がりなりにも小さな家が建っています。空襲の焼け跡に、お母さんの腕一つでこういう家を建てたのでしょう。しかも、コスモスの花に包まれ、何かゆみ子の幸せな姿が浮かんできます。お父さんがいないことの不幸、哀れさと同時に、お母さんの愛に包まれている幸せという相反する二面性があります。

〈とんとんぶき〉とは、瓦をのせる前に打ち付ける杉板のままということです。瓦をのせるまでに至っていない戦後の生活の苦しさと、同時に、なんとか生活を立て直したという状態が表れています。そういう二面性が見えてきます。

〈そこから、ミシンの音が、たえず速くなったり、おそくなったり、まるで、何かお話をしているかのように、聞こえてきます〉。ここに、**比喩**が出ています。ミシンの音とは働いている音です。内職をして、ゆみ子を育てていることが想像できます。また、戦中から戦後にかけてのいろいろな苦しいこと、切ないことをお話しているようにも聞こえます。話者は、ゆみ子の家の中にいて、すぐそばから語っているのではなく、家の外にいて語っています。直接見ていないから、〈お母さんでしょうか〉という問いかけの表現になっています。すると読者は「それはもちろんお母さんだ。きっとお母さんが一生懸命内職をして働いている、ミシンの音だろう。」と答えることになります。自問自答させる表現効果をねらった語り方です。

〈「母さん、お肉とお魚とどっちがいいの。」〉これも、戦争中のきびしい食糧事情と対比して、〈お肉とお魚〉のどちらかを選べる平和な時代になったということを意味しています。〈ゆみ子の高い声が、コスモスの中から聞こえてきました〉からは、ゆみ子の健康ではつらつとした感じがします。この場面には、美しい、明るい、そして健康なイメージがあります。大変けなげなゆみ子の姿が描かれています

◇「一つの花」の美

この物語の味わい・**美**はなんでしょうか。たとえば〈今日は日曜日、ゆみ子が小さなお母さんになって、お昼を作る日です〉という文を一つ見ても、この作品の**美の構造**が見えます。美というのは、異質なものが一つにとけ合っていることを体験することで生まれます。

異質なものがせりあがって、とけ合うということを説明しましょう。

お父さんは戦争でなくなってしまったのでしょう。そのため、お母さんは日曜日にもかかわらず、せっせと働いてゆみ子を育てているのです。ゆみ子もお母さんの代わりを務めなければならないのです。これはなんともかわいそうな、哀れな話です。このイメージと同時に他方には、けなげな、明るい、健やかな、ちゃんとお母さんの代わりをする子に育ってよかったなあという明るいイメージがあります。ここには、悲しいイメージとけなげな、明るいイメージという異質なものが同時に、一つにとけ合う独特の味わいがあります。それを、この**作品の美**と言います。

文芸作品というのは、人間の真実を語るものです。これは、愛の真実です。一人の小さな娘に対するお父さんとしての愛情、お母さんとしての愛情が一貫してゆみ子の上に注がれます。それが、ゆみ子を心豊かな、明るい、けなげな子どもに育てあげています。そういう愛の真実が語られているのです。その**愛の真実が、美として表現**されているのです。

◇戦争中と戦後を対比する

この作品を、〈それから、十年の月日がたちました〉というところを境にして、前半と後半を**対比**してみましょう。そうすると、「戦争」という状況の中にいるゆみ子たちと「平和」という状況の中にいるゆみ子たちが対比的に描かれています。

前半が次々町が灰になっていく「破壊」とすると、後半は「建設」の日々です。また、食べるものがないという状況と、お肉とお魚とを選べるという状況が対比して描かれています。そこに平和のありがたさというものが表れています。

また、戦争中は〈わすれられたように咲いているコスモス〉という表現からもわかるように、文化とか美とかいう時代ではなかったのです。それが、戦後の平和な状況の中では、コスモスの花がいっぱい咲いていて、それに包まれていて、対比的です。さらに、戦争中はお父さんがいました。そのことが、せめてもの幸せでしたが、戦後は平和になったのにもかかわらず、大切なお父さんがいません。平和の中にあっても悲しさがあります。

このように前半と後半、つまり戦争と平和を対比してとらえると、戦争というものが、人間にとって何であるのか、平和というものが人間にとって何であるのかが見事に見えてきます。もちろん、前半と後半を通して**類比**できることは、父と母の愛です。

◇〈一つの花〉は何を象徴しているか

〈一つの花〉は何を**象徴**しているのかという問題は大変重要です。ゆみ子は父母にとって愛の対象であり、まさに〈一つの花〉です。〈一つの花〉は愛の象徴といえます。それからこの花は美と平和の象徴でもあります。平和であってこそ美は大事にされます。戦争中はないがしろにされます。〈ごみすて場のような所に、わすれられたようにさいて〉いたと意味づけられています。しかし戦後、平和な時代になると、ゆみ子の家は〈コスモスの花でいっぱいに包まれています〉。〈一つの花〉は美と平和、愛を象徴しています。

（この項は、旧『指導ハンドブック中学年』の文章をもとに一部書き加えたものです。／蔵垣内収子）

【参考文献】『文芸研授業3「一つの花」の授業』（藤原鈴子著・明治図書）

『文芸研教材研究ハンドブック6　今西祐行―一つの花』（文芸研編・明治図書）

『文芸教育85』（新読書社）所収〔上西信夫…実践記録（1）「一つの花」を読む〕

【「一つの花」まとめよみの指導案例】

◉ねらい

○戦争中と戦後のゆみ子を対比し、戦争の本質や人間の真実をとらえさせる。

◉授業展開

Q1　戦争中と戦後のゆみ子を比べてみましょう。

・貧しいながら戦争中より幸せにくらしている。

・お母さんの代わりができる子に成長している。

・生きる力があることでは同じ。

Q2　もし、戦争がなかったらどうでしょう。

・お父さんがいて、もっと幸せにくらすことができた。

Q3　戦争中も戦後も変わらないものは何でしょうか。

Q4　題名の「一つの花」は、どのような意味を表していますか。

【「一つの花」まとめよみの板書例】

一つの花

今西祐行

【戦争中】
悲しい、何もかもうばわれる世界

⇔ 対比

【戦後】
楽しい明るい平和な世界

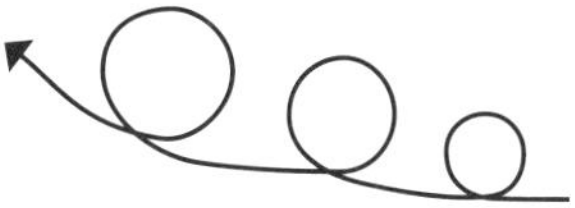

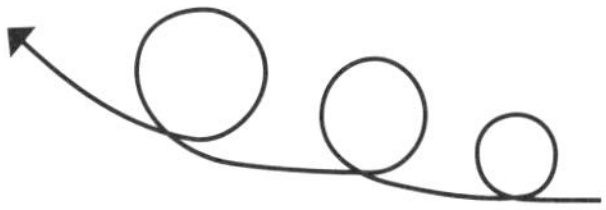

○食　配給　食べ物がない
○住　ばくだん　灰
○音　ばくだん　飛行機
○衣　もんぺ　防空ずきん
ゆみ子　一つだけ一つだけ
お父さん　兵隊
花　わすれられたように一輪

○食　お肉とお魚
○住　とんとんぶき
○音　ミシンの音
○衣　洋服
ゆみ子　小さなお母さん
美しさがわかる
スキップ
お父さん　いない
花　いっぱい　トンネル

類比　ゆみ子へのお父さんとお母さんの愛
題名「一つの花」の意味（しょうちょう）
・愛情　お父さんの愛　しあわせ
・美しいもの
・ゆみ子　大切なもの
・平和

12 自分の考えをつたえるには

自分の考えが聞き手によく伝わるように話すには、自分の考えが明確になるように文章構成（はじめ・つづき・おわり）を考えることが大切です。話題の全体を構想する力は中学年の中心的な課題になります。低学年の**観点**をしぼること、**順序**よく話すこと、**理由**をそえることに加え、中学年では累加や並列（類比）といった連接関係や具体例と一般化、結論とその理由や根拠の配列関係など、段落相互の関係に注意することが必要となってきます。

文芸研は、文芸や説明文の授業で学んだこと（ものの見方・考え方、表し方）が作文や話し方で生かされる**関連指導**を提唱しています。いくつかのものごとを比べて、同じところをまとめて書いたり（話したり）、見方の違いを比べて書く（話す）――**比較**。ことがらと**理由**の書き分けと**順序**だてをして書く（話す）。演繹的か帰納的か、話の運び方を考えて書く（話す）—順序。もし、○○ならばと**仮定**して書く（話す）。見えることから、見えないものを想像して書く（話す）——**予想**。敬体と常体や確からしさの文末表現の使い分け。説明・描写・叙事・会話の表現方法の使い分け。声喩・比喩・活喩、その他修辞法の使い分け——**類別**。**仕組**と**仕掛**を考えて書く（話す）。題・本文（冒頭　展開　結末）・小見出し、段落の取り方——**構造**。

このような文芸や説明文の授業で学んだ認識・表現の方法を、作文や話し方の学習でも意図的に使えるようにする国語の授業づくりが望ましいと考えます。

（上西信夫）

13 「読むこと」について考えよう

低学年の「楽しんだり知識を得たりするために、本や文章を選んで読むこと」を受けて、多用な目的に応じていろいろな分野の本や文章を読むことを示した単元です。読みたい内容（題材・テーマ）にしぼって読む**つづけよみ・くらべよみ**、書き手（同一作家）にしぼって読む《つづけよみ》が考えられます。この《つづけよみ》《くらべよみ》は文芸研の読書指導の柱です。

読書の範囲を広げるために、学校図書館の利用方法を学び、図書を紹介するブックトークなどの活動や新刊紹介を進んで利用するようはたらきかけましょう。おもしろかった本を紹介しあったり、同じ題材の本を交換して読んだりするなど、読書への関心を高め、学級・学年における読書生活を整えることが大切です。

読書生活の広がりとともに、知らない漢字や難語句に出合うことも多くなります。難語句や漢字について辞書を利用して調べる方法もあわせて指導するといいでしょう。（上西信夫）

⑭「かげ」（ニコライ＝スラトコフ 作／松谷さやか 訳）

◇「ようす」と「きもち」

〈森の中は、おどろくほどしずかだ。森は、休息している。木もれ日はじっとしたまま、動かない。えものがかかるのを待っているクモの巣が、かすかにゆれている。〉という書き出しです。この一節は森の「ようす」を表現しています。しかし、**話者（語り手）**の「きもち」もその裏に同時に表現していると考えられます。つまり、森の中の〈木もれ日〉や〈クモの巣〉の「ようす」が表現されていると同時に、その「ようす」を**外の目**で見ている語り手自身の神秘的でいて、爽快な「きもち」も同時に表現されているのです。

次に語り手は森の中を歩いていきます。そして〈草地から草地へと歩いていくのは、いい気分だ〉と自分の「きもち」を語っています。そして、森の中の平らな草地を〈緑の大きなさかずきのようだ〉と比喩的に表現し、その草原が〈温かいエキスがみちている〉と感じていま す。この部分も草地の「ようす」を表していると同時に、草地を〈さかずきのよう〉に見て、温かいエキスが満ちて森が生き生きとしていると感じる語り手の「きもち」も表現していま す。つまり、「ようす」の裏には語り手の目と心（きもち）があるということです。

◇語り手と子グマ

語り手は〈コケモモのエキスの草地〉で〈子グマ〉を見つけます。そのしぐさを見ていると〈なんともきみょう〉であり、〈とつぜん頭をふり上げ、前足と鼻先から地面につっこ〉み、〈つめで地面を引っかいて〉〈何かをつかまえようと〉していました。ここは語り手が《外の目》で子グマを見て語っているところです。

そして、〈わたしは、その様子をじっと見ていた〉と、ここで〈わたし〉（語り手）が文面に顔を出します。その語り手の〈わたし〉には子グマのしぐさの理由がわからなかったのですが、次第に〈自分のかげをつかまえようと〉していることに気づきます。

〈子グマは、自分のすぐそばで、何か黒いものがかすかに動くのを目にとめ〉ます。ここで「かげ」のことを〈何か黒いもの〉と言っていますが、語り手はなぜ「かげ」のことを〈何か黒いもの〉と言っているのでしょうか。これは語り手が子グマの**内の目**に「寄りそって」語っているからです。次に〈子グマは、かげのにおいをかいでみた。なんのにおいもしない。地面に耳をおし付けてみても、なぐり返してこない。つまり、だれもいないということなんだ〉

と、語り手は、まるで自分が子グマであるかのような語り方をしています。その後、〈子グマは、ちょっと歩いてみた。するとかげもついてきた。これはどういうことなんだろう〉と、語り手は、子グマの《内の目》に「重なって」語っています。

このように語り手は子グマを《外の目》で語ったり、子グマの《内の目》に寄りそったり、重なったりしながら語っているのです。

◇ユーモア

「かげ」の正体がわからない子グマは、とがった小枝にぶつかったことを〈味もにおいもしないこの黒いやつが、おしりにかみついたのだろうか〉と錯覚します。そして、その〈黒いもの〉にきばをむき出し、後ずさりした時、もっと大きな枝にぶつかり、最後には逃げるように〈しげみに飛びこ〉み、走り去っていきます。

視点人物である子グマの目と心からとらえた「かげ」**(対象事物)**は〈おそろしく〉〈味もにおいもしないこの黒いやつ〉であり、「凶暴な得体の知れない生き物」なのです(視点人物の子グマにとっては「かげ」は**対象人物**として認識されています)。しかし、語り手(わたし)の**外の目**から見ると、これはただの「かげ」にすぎません。読者のわたしたちもこの子グマが、かげが〈かみついた〉と認識し、〈きばをむき出し〉、そして逃げるように走り去った子グマの行動を**異化**して読むと、子グマの行動がおもしろく感じられます。このように子グマの言動と読者の常識とのズレから生じるおもしろさを**ユーモア**といいます。

◇文芸か説明文か

九二頁に〈どのように文章を読んでいるか、考えよう〉とあり、物語と図鑑が比較されています。文章の種類と目的について問題にしているのです。小学校では、解説文・観察文・記録文・調査研究した報告の文章・意見文・論説文などを含めて、「説明文」と呼び、文芸作品とは区別しています。

この「かげ」という作品は〈わたし〉が森の中で見た〈子グマ〉のことを書いたいわゆる「観察文」のようにも読めます。しかし、語り手の〈わたし〉は〈子グマ〉の「側から」見たり、〈子グマ〉の「身になって」語ったりしています。これは文芸的な語り方を使いながら、子グマが周りの世界を体験の中で理解しながら成長していくことを伝えています。つまりこの作品は、文芸と説明文の中間的なものといえるでしょう。

（村尾　聡）

⑮「忘れもの」（高田敏子）

◇〈夏休み〉を人物化するおもしろさ

〈入道雲にのって／夏休みはいってしまった〉とあります。**話者（語り手）**の〈ぼく〉は小学生ぐらいでしょうか。その語り手の〈ぼく〉は、〈「サヨナラ」のかわりに／素晴らしい夕立をふりまいて〉〈夏休み〉が去って行ったと語っています。〈夏休み〉を人物として語っています。姿・形のない〈夏休み〉を人物として見ているのが、まずこの詩のおもしろいところです。〈夏休みはいってしまった〉の〈しまった〉の文末から、語り手の〈ぼく〉が〈夏休み〉に対して心残りがあることがわかります。

二連では、〈けさ　空はまっさお／木々の葉の一枚一枚が／あたらしい光とあいさつをかわしている〉と、空や木々の「ようす」を語っています。〈まっさお〉な空は「秋の空」、〈あたらしい光〉は「秋の日の光」を意味しています。ここは秋の気配という「ようす」が語られています。しかし、一連とひびき合わせて読むと、季節が秋に変わってしまったことに対する残念さという語り手の「きもち」も同時に表現されていると考えられます。

◇〈忘れもの〉というたとえのおもしろさ

秋の気配を見て三連では、〈だがキミ！　夏休みよ／もう一度　もどってこないかな／忘れものをとりにさ〉と、語り手の〈ぼく〉は〈夏休み〉（キミ）に向かって語りかけます。夏休みがもう一度もどってきてほしい「きもち」を、〈夏休み〉に〈忘れもの〉をとりにもどってきてほしいとたとえていることは、とてもおもしろい表現です。〈忘れもの〉という表現は、語り手である〈ぼく〉の「もっと夏休みを堪能したい、もっと遊びたい」という「きもち」の表われであると考えられます。

四連の〈迷子のセミ／さびしそうな麦わら帽子／それから　ぼくの耳に／くっついて離れな

い波の音〉という表現も、〈セミ〉や〈麦わら帽子〉〈波の音〉の「ようす」を表現していると同時に、語り手である〈ぼく〉の夏休みに対する「もっと遊びたかった」という心残りが表現されているといえます。

◇題名に象徴されているもの

一連から四連までの〈空〉や〈木々〉〈セミ〉〈麦わら帽子〉〈波〉の「ようす」を**類比**すると「ようす」の裏には一貫して語り手の〈ぼく〉の「もっと遊びたかった」という「きもち」が表現されています。そのことが「忘れもの」という題名に**象徴**されているのです。

（村尾　聡）

16「ぼくは川」（阪田寛夫）

◇川のイメージ

一点に発した〈川〉は〈じわじわひろがり〉、〈背をのばし〉伸び続け、待ち望まれていた水の豊かさで〈土と砂とをうるおして〉、〈くねって　うねって　ほとばしり／とまれと言っても　もうとまらない〉と、大地を勢いよく思うがままに自由に進みます。〈ぼくは川〉と**話者**（**語り手**）の〈ぼく〉が、〈川〉である自分のことを語っています。

そのような〈川〉は、〈真っ赤な月にのたうったり〉と、心静かならず激しく荒々しく波立ち、逆に〈砂漠のなかに渇いたり〉と、水を涸らして自分を失うほどの苦しみに身をおくこともあります。時には、〈それでも雲の影うかべ〉と、波風立たないおだやかな時を過ごし、また〈さかなのうろこを光らせて〉と、自分の中に命を育むことができる心豊かさをもつことができる〈川〉です。

さまざまな出来事に出会いながらも〈あたらしい日へほとばしる／あたらしい日へほとばしる〉と未来に向かって止まることなく力強く流れ続ける意志をくり返した表現で強調しています。

このような〈川〉のイメージは、表記にも表れています。句読点が一つもありません。切れずに勢いよく流れ続けるイメージに重なっています。詩の終わりの行に来てもそこで終わらず、また〈ぼくは川〉に帰る倒置法も切れずに流れるイメージを生んでいます。

〈ぼくは川〉が、詩の中心に置かれています。しかも、その前の文も、倒置法になっており、後半の文も〈ぼくは川〉につながっています。そのため〈ぼくは川〉が強調され、流れ続ける〈ぼく〉の意志の強さがイメージされます。

◇複合形象（人物）としての川

語り手である〈川〉の〈ぼく〉は、「人間」と「川」の複合した形象（**複合形象**）であり、**人物**です。その複合形象である〈川〉は、人間のイメージと川のイメージの共通するイメージを土台にしてつくられた形象です。

〈川〉は、自由に力強く〈ほとばしり〉、〈とまれと言っても〉、困難があっても止まらずに流れ続けます。そのイメージは、どんなことがあっても未来に向かって力強く生きていこうとする人間のイメージと重なります。

（村尾　聡）

17「手と心で読む」（大島健甫）

◇身近なことがらから説得する方法

書き出しは「既知のことから未知のことへ」すなわち、読者の「身近なことから縁遠いことへ」という説得の**順序**をとっており、読者をなるほどとうなずかせます。駅の自動券売機というのは、読者が日常よく見ているものであり、そこにある〈小さな点のうき出たところ〉というと、「あっ、そういえば見たことあるな。あれはなんだろう。」と、子どもたちの興味・関心を引き出すことができます。

こういう身近なことから書き出して、読者に興味・関心をもたせるのも基本的な**説得の論法**の一つです。

◇現在の〈わたし〉と過去の〈わたし〉

その〈小さな点〉は、〈わたしたち目の不自由な者が指でさぐって読む文字なのです〉とあります。〈わたしたち〉という言葉から、筆者は目の不自由な人であり、点字を必要としている人であることがわかります。そして、筆者が点字に出会い、点字の重要性に気づくまでのプロセスを自分の経験を通して説明しています。

ここは、筆者（わたし）の過去の経験を、現在の〈わたし〉が意味づけ直して書いているという文の**構造**になっています。つまり、過去の〈わたし〉の目と、現在の〈わたし〉の目との複合的な**視点**が、「文字（言葉）とは何か」という深い意味を生み出しているといえます。

〈十九さいのとき、わたしは、急に目を悪くし〉てからも、〈点字をおぼえる気になれませんでした〉。ここでは現在の〈わたし〉が、過去の〈わたし〉の身になって、当時の気持ちを書いていています。目を悪くして文字が読めなくなることを〈まるで心のふるさとを失うように思えた〉と書いています。ここも、過去の〈わたし〉の考え（認識）を書いています。

しかし、母の〈はたらきかけ〉によって〈わたし〉は点字を習い始めます。〈初めのうちはなかなかむずかし〉かったのですが、点字を習得するなかで〈文字をもつことが、どんなに楽しく、どんなに大切であるかが分かって〉きます。これも現在の〈わたし〉が、過去の〈わたし〉の身になって、その当時の認識を書いているところです。

これらの経験をふまえて、現在の〈わたし〉は、文字というものについて〈知識や考え、思いをつたえ合う〉ことが〈文字のもつ大きなめぐみ〉であり、〈人々の心を結ぶ〉ものというふうに語り、**意味づけ**ています。

◇人間にとっての文字をもつ意味

過去の〈わたし〉は文字と離れることによって〈心のふるさとを失うように〉思います。その経験をふまえて、現在の〈わたし〉は文字とは〈知識や考え、思いをつたえ合う〉〈人々の心を結ぶ便利な道具〉と意味づけています。

文字とは〈思いをつたえ〉〈人々の心を結ぶ〉伝達のための道具です。それと同時に〈知識や考え〉によって世界を広げていく「認識の道具」でもあるのです。

◇点字も記号

点字は〈たて三点、横二列の六点で一文字が作られています〉とあるように、六点の組み合わせで膨大な数の言葉が表現できます。

点字・言葉・文字も記号です。人間が記号をもつことによって、コミュニケーションをはかり、人々の心をより深く結んでいくことができます。

この教材で大切なことは、点字も言葉、文字と同様に一つの「記号」だということ、「記号」は意味を表すということです。また、点字も認識の方法だということです。

点字・手話をテーマにすることは、言葉とは何かを考えるうえでとても大切なことです。言葉とは、ものごとを認識・表現するための道具であるということです。

（この項は、旧『指導ハンドブック中学年』をもとに一部書き加えたものです。／村尾　聡）

18「ごんぎつね」（新美南吉）

◇本文と関係がある題名

「ごんぎつね」は、物語の主人公を題名にしたものです。四年生になったら、題名についての指導が特に大事です。たいてい題名というのは本文の大事な題材と**関係**があります。ほかに主人公の名が題名になっているものに「八郎」（斉藤隆介作）があります。作品の主題が題名になったり、非常に重要な場面のある大事な意味をもった言葉が題名になったりといろいろな場合があります。そして、その題名が一番はじめに書かれて本文の前にあるという**構造・関係・機能**になっているということです。

◇複合形象（人物）としての〈ごんぎつね〉

〈ごん〉のどこを見ても、狐らしいところは、ありません。むしろ、これは人間の物語といえましょう。

〈きつね〉という動物は一般的に人間からうとまれ、きらわれているイメージをもっています。この〈ごんぎつね〉も、人間世界から疎外されて生きていかざるをえない存在として描かれています。このような**人物**（人間のイメージと動物のイメージが**複合された形象**）の設定が、この作品を成立させ、深い意味をつくり出しています。

◇作者と話者ははっきり区別して

書き出しですが、〈これは、わたしが小さいときに、村の茂平というおじいさんから聞いたお話です〉とあります。〈これは〉というのは、これからお話する「ごんぎつね」という題名にかかわるこの物語ということです。〈わたし〉というのは普通、作者と早合点されますが、作者ではなく**話者（語り手）**のことです。南吉が小さい頃、茂平というおじいさんからこの「ごんぎつね」という話を聞いたという事実はありません。これは、まったくのフィクションです。いつでも、作品の中に「わたし」という人物が出てきたら、話者であると考えてください。

ところで南吉はもちろんこのような話を聞いたわけではありませんが、小さい頃にあれこれ聞いた話が断片的に「ごんぎつね」の中に散りばめられています。あとで、〈火縄銃〉が出てきますが、それは南吉が村のある家へ遊びに行って、そこで見た記憶をこの場面で使っていると思われます。このように、作者の生まれ育った地方に伝わる話や風土などが作品の中に反映されています。

◇人物像を浮き彫りにする手掛かり

話者はいよいよ茂平というおじいさんから聞いたお話を語っていきます。まず〈昔〉とあります。それから〈わたしたちの村の近くの中山という所〉とあります。そのように「いつ」「どこで」「だれが」と語っています。これが昔話のだいたい決まった型と言っていいでしょう。ですから、これは昔の話だな、とすぐわかります。〈村の近くの中山〉のところを読むと、「そこでの話だな。」「では、一体だれの話か。」というように読み進めていきます。そうしますと、その後に出てくる〈ごんぎつね〉というきつねの話だと読み進められていくのです。

〈中山というところに、小さなおしろがあって、中山様というおとの様がおられた〉とありますから、〈おとの様〉のいた時代という設定です。

さて〈その中山から少しはなれた山の中に、「ごんぎつね」というきつねがいました。ごんは、ひとりぼっちの小ぎつねで、しだのいっぱいしげった森の中に、あなをほって住んでいました〉とあります。なぜずっと離れた山の中ではないのか、あるいは中山からすぐ近くの山の中ではないのか、ということが問題になります。このごんは〈ひとりぼっちの小ぎつね〉です。ひとりぼっちというのはさびしいという意味もあります。なぜひとりぼっちなのかという理由は書かれていません。そして子どものきつねではなく、小さいきつねです。なぜ子どもではなく小さいきつねかということは、この後を読んでいくとわかってきます。南吉は、子どものきつねの場合の「子」と小さいきつねの「小」を書き分けています。

この小ぎつねはひとりぼっちでさみしく、非常にいたずら好きです。辺りの村へ出て来てはいろいろないたずらをしています。したがって村の人たちからすれば「困ったあのきつね」と見られていると想像できます。夜でも昼でもしょっちゅう、出かけてはいたずらをします。こういったことからすると、ごんはできれば村のすぐ近くにいたいわけですが、人の目も多いですから、見つかってしまいます。では、ずっと離れたところにいたらいいのではないかと思われます。しかし、これでは辺りの村へたびたび出て行くのに不都合です。それで遠からず近からず少し離れたところに住んでいるということになるのです。横穴を掘って住んでいますが、そこは〈しだのいっぱいしげった〉ところです。しだは、すだれみたいに垂れ下がりますから、外からは穴の入り口は、ちょうど見えません。穴の中からは、外がすけて見えます。そんなことからも、このごんぎつねは大変賢いことがわかります。

さて、〈夜でも昼でも〉というのは、「夜も昼も」ということではありません。一日中ということではありません。たとえ夜であっても出かけていきたいと思えば出て行くし、昼でも出かけて行きたいと思えば出かけて行くという時に使います。そこのところは、語法をふまえた解釈をしなければいけません。

◇村人から見たごんぎつね

〈辺りの村へ出てきて〉とあります。「出かけて行って」ではなく〈出てきて、いたずらばかりしました〉というのは、村人の側からごんぎつねを語っているからです。話者がごんの側から語っているのではなくて、いたずらをされて困る村人の側から語っています。いたずらをされている側がいたずらだと意識しているわけです。小さい子どもでも自分自身がいたずらをしてやろうと思ってしているのではなくて楽しいからしているのです。けれど大人から見ると困ったことをしていることになるのです。それをいたずらというのです。ですから、〈いたずらばかりしました〉という表現になるのは話者が村人の側から語っているからです。

◇文脈の中での言語指導を

ごんはどんないたずらをするかというと、一つは〈畑へ入っていもをほり散らしたり〉したことです。この季節ですと霜でいたまないように穴を掘って、いもを入れて囲っているいのいもを掘り散らすことは、食べるためにしているのではなく、おもしろがって掘っているいたずらなのです。それから〈菜種がらのほしてあるのへ火をつけたり〉というのも、火をつけて何かしたいのでなく、ただボオーッと燃えるのをおもしろがっているのです。でも、百姓にしてみると危険です。たとえ危険でなくても百姓には困ることです。また、〈とんがらしをむしり取っていったり〉するいたずらもします。〈したり〉、〈たり〉、〈たり〉、〈たり〉は同じようなことをくり返し行う時に使う、並列する語法です。

ここにある〈いろんなこと〉は、水遊びをするとか木登りをするといった遊びとは関係ありません。なぜかというと、いたずらに類するものの範囲で〈いろんなこと〉と言っているからです。「どんなことをしただろう。」と言うと、子どもたちは「木登りをしたかもしれない。」「泳ぎをしたかもしれない。」などといろいろなことを言います。しかし、それは間違いです。文脈の中で言葉の指導をしないとやみくもにいろいろなことを言いますから、注意して指導してほしいと思います。

◇主人公〈ごん〉の紹介――書き出し

さて、〈ある秋のことでした〉からいよいよ話が始まります。ここまでは主人公について紹介していました。ここまでの書き出しでどんなことがわかったかというと、ひとりぼっちである、いたずら好きで好奇心旺盛だ、なかなか賢いなあ、ということです。また村の人たちはごんが「いたずらなやつだ。」「困ったやつだ。」と思っているに違いないということもわかります。

この書き出しの場面は、このあとの物語の展開に大変重要な役割を果たします。つながりをもたせながら、あとの場面の展開へ指導していくことが大切です。

◇ごんの目と心に寄りそって見た穴の外の様子

〈ある秋のことでした〉。〈二、三日雨がふり続いたその間、ごんは、外へも出られなくて、あなの中にしゃがんでいました〉。この辺りからそろそろ話者が外側から語るだけでなくて、ごんの目と心に寄りそって語っていきます。だいたい物語では、はじめは人物を**外の目**で語って、だんだん人物の**内の目**に寄りそっていき、終わりに重なるというプロセスをとることが一般的です。

〈雨が上がると、ごんは、ほっとしてあなからはい出ました〉とあります。いたずら好きで物好きなごんが湿っぽいの穴の中で三日もじっとしていなければならないのでは、とてもたまったものではありません。ごんになって読者がこの場面を想像すると「ああ、もうあきあきした。」「いやだあ。」という感じがわかります。「なるほど、そうだろうなあ。」と実感、共感しながら読んでいきます。

〈空はからっと晴れていて、もずの声がキンキンひびいていました〉というのは、情景の描写ですが、晴れている様子を〈からっと〉という擬態語を使って表現しています。それから〈キンキン〉というふうに、カタカナ表記を使って擬声語が使われています。学習指導要領によりますと、擬声語はカタカナ、擬態語はひらがなと類別して指導することになっていますが、西郷文芸学では、擬声語・擬態語と区別しないでどちらも**声喩**と呼んでいます。声喩というのは、音声によるたとえという意味です。

◇声喩と視点

声喩は**視点**と関係があります。話者が人物の《内の目》に寄りそっている、重なっているということは視点の問題です。この作品は、話者がごんの《内の目》に寄りそい、ある場面では重なっていくという視点をとっています。ここの場面もごんに寄りそっているところです。

そうすると、この〈からっと〉や〈キンキン〉という声喩も、全部ごんの目と心でとらえた空の様子、もずの声の様子なのです。〈からっと〉というのは、非常にさわやかな感じです。〈キンキンひびく〉というのも〈からっと〉とひびき合って、非常にさわやかな感じです。「ああ、秋晴れのいい天気で、いい気分だなあ。」というごんの目と心だけでなく、ほっとして穴からはい出したごんがのびのびと背のびをしている姿も、そこに浮かびあがってきます。これは自然の描写ですが、その自然の描写の裏に人物ごんの気持ちも表現されています。それに〈空はからっと晴れて〉という空の形象（イメージ）と、もずの声の形象（イメージ）とが**相関関係**をなしています。つまりひびき合っています。空がからっと晴れているからこそ、もずの声が〈キンキン〉とひびくということになります。もずの声が〈キンキン〉ひびくというのは、それほど空がからっと晴れわたっている、澄んでいるということになります。

ここでは、せっかく声喩が出てくるのですから、声喩とはどういうものか、声喩は視点と関係があること、空の様子ともずの声の様子はひびき合っている**（相関的）**ことをしっかり指導してほしいと思います。わずか二、三行の文章ですが、指導としては大事なポイント・大事な要素を含んでいるところです。教材研究でも授業でも、めりはりをつけていく必要があります。はじめてのことは時間をかけてゆっくりときちんと指導していきます。もうすでに何回か指導したことでよくわかっているところはおさらいですから、どんどんテンポを速めてやってもかまいません。大事な場面は十分時間をかけ、それほどでない場合は、極端に言えばすっと軽くとばしていくというようにめりはりをつけることが必要です。

◇独特な巧みな情景描写

〈ごんは、村の小川のつつみまで出てきました。辺りのすすきのほにには、まだ雨のしずくが光っていました。……ごんは、川下の方へと、ぬかるみ道を歩いていきました〉。ここは村の自然の描写、**情景描写**です。この描写は話者がごんの目と心に寄りそって語っているところです。ごんの目と心に映った小川のつつみの様子なのです。非常に実感のある描写になっています。

南吉は、このような情景描写が巧みです。それは、彼は学校の行き帰りにしても、普段遊びに出ている時でも、雲の様子とか飛んでいるからすの様子とか、草木の様子とかいろいろなことに目をとめて、それをメモにして日記に書きとめて、自分が創作するときに活用しているからです。たとえば雪の降った日、雪の上を歩いた人の足跡を見ると「うっすらと雪の陰が青い色をしている」とか、赤いとがった木の芽が、いかにも「石ろうのように固い」感じがするというように、実に細かいところに目をとめています。そのような観察の細やかさとか鋭さが、彼の描写の文章の中には随所に表れています。これなどは日記や作文の指導のうえで引き合いにできるエピソードだと思います。

◇読者も話者とともにごんの目と心に重なって

さて、雨あがりの様子が非常によく描けていますが、そんな中をごんがずうっと川下のほうへぬかるみ道を歩いていきます。〈ふと見ると、川の中に人がいて、何かやっています〉。この文では、〈見る〉という動詞の主語が省略されています。これは話者が寄りそっているごんという人物を表す主語が省略されているのです。ここは、話者がごんに「寄りそって」いるというか、むしろ「重なって」いるところです。語り手とごんという人物が一体化しています。ですから、読者もごんの目と心になって、ごんになったつもりで読んでいかなくてはなりません。

ごんの側から見ると、〈川の中に人が〉いるというところは、「あっ、人がいるな。」「何かやっているな。」ということはわかるけれども、だれが何をやっているかは定かではありません。それでごんは見つからないように、〈そうっと草の深い所へ歩みよって、そこからじっとのぞいてみました〉ということになるのです。日頃ごんは村へ出てきてはしょっちゅういたずらをしていますから、村の人たちから「あのごんぎつねめ。」と思われています。ごんは当然そのことをわきまえていますから、見つからないようにという意識があります．ですから、そうっと草の深い所へ歩み寄るのです。でも、危ないと思うなら逃げればいいのですが、そこはいたずら好きで好奇心旺盛なごんのことですから、身を隠しながらもそうっとのぞいてみたいと思うのです。そういうところにごんのかわいらしさがあります。

そばまで行ってじっと見て、〈「兵十だな。」〉とわかります。〈兵十〉だとわかるということは、ごんが村の様子や、村の人々の名前まである程度知っているということです。だから、小さなきつねであるけれども、人間の世界のことも知っていることが、〈「兵十だな。」〉のところからわかります。同時に、読者に対してその人物が兵十だということを説明する役割をも果たしています。

◇ごんのいたずら——兵十のうなぎを逃がす

〈兵十は、ぼろぼろの黒い着物をまくし上げて、こしのところまで水にひたりながら、魚をとるはりきりというあみをゆすぶっていました〉というところは、ごんが見た兵十の様子です。兵十の姿全体がそこにうつし出されています。この〈はりきり〉は、川いっぱいにあみを張り、流れてくる魚を袋の中に集め、魚は袋の中から外へ出られないような仕掛になっていて、それを一日ぐらい置いて後であげに行くという漁法です。そのあみを「はりきりあみ」と言います。もちろん川上の山のほうからごんは歩いてきたわけですから、挿絵の画面では右から左へ歩いていています。左の方が川下、右が川上になっています。

次に〈兵十〉の姿全体から、今度ははちまきをした顔に焦点がぐっとしぼられていきます。〈顔の横っちょに、円いはぎの葉が一まい〉ペタッとくっついています。ちょうど秋ですから、はぎの花が咲いています。そのはぎの葉が、顔にくっついている様子を〈大きなほくろみたいにへばり付いている〉というたとえを使って表しています。

さて、〈しばらくすると、兵十は、はりきりあみのいちばん後ろのふくろのようになったところを、水の中から持ち上げ〉ます。この中に、いろいろなものがたまっています。雨が降り続いた後ですから、水かさが増してごみまでいっぱい入っています。たとえば、しばの根とか草の葉とかくさった木切れとか、そんなものがごちゃごちゃ入っています。これも一つの情景描写です。ここも話者がごんの目と心に重なって見ているところです。ですから〈ところどころ、白いものがきらきら光って〉と白いということはわかっても、何かはわかりません。よく見るとそれは〈太いうなぎのはらや、大きなきすのはらでした〉となるわけです。

◇視点人物と対象人物

兵十はびくの中へそのうなぎやきすをごみと一緒にぶちこみます。このごみと一緒にぶちこむというあたりから、兵十のおおまかな人柄が見える感じもします。

そして、また、袋の口をしばって水の中へ入れます。〈兵十は、それから、びくを持って川から上がり、びくを土手に置いといて、何をさがしにか、川上の方へかけていきました〉。〈何を〉と書いてあるのは、話者がごんの目と心に寄りそって語っていますので、実際に何を探しに行くかごんにはわからないからです。見ているほうの人物（視点人物）のごんと、見られているほうの人物（対象人物）の兵十の関係を考えたとき、視点人物の気持ちは読者によくわかるけれども、対象人物の兵十の内面（心、気持ち）は直接にはわかりません。ですから〈何をさがしにか〉という表現になるのです。探しに行ったものは何か、とここで考える必要はありません。それは、全然意味がないことです。要するに何かさがしに行った、川上の方へ行った、そこの場を離れたということだけが問題なのです。

それまでむずむずして好奇心旺盛なごんがその様子を見ていたわけですから〈兵十がいなくなると、ごんは、ぴょいと草の中から飛び出して、びくのそばへかけつけ〉て、〈ちょいと、いたずらがしたく〉なるというのが非常によくわかります。これも兵十を困らせてやろうと思ったのではありません。ごんにしてみれば手がむずむずしてこういうことをしでかしてしまったのです。〈びくの中の魚をつかみ出しては、はりきりあみのかかっている所より下手の川の中を目がけて、ぽんぽん投げ〉ます。これはやっている本人はおもしろいでしょうが、兵十からすると腹が立つことです。

太いうなぎをつかみにかかります。〈なにしろぬるぬるとすべりぬけるので、手ではつかめません〉。ごんはきつねですが、人物ですから〈手〉と言っています。

〈ごんは、じれったくなって、……ごんの首へまき付きました〉は、ごんの《内の目》で読めば大変という感じになりますが、《外の目》でその様子を見るとなにやらこっけいというか気の毒な感じになります。〈そのとたんに兵十が、向こうから、「うわあ、ぬすっとぎつねめ。」とどなり立て〉ます。ごんにするとびっくりして〈うなぎをふりすててにげようとしましたが……いっしょうけんめいにげていきました〉ということになります。

そして〈ほらあなの近くのはんの木の下で……あなの外の草の葉の上にのせておきました〉とあります。この辺りがいかにもごんの人柄のよさを表しています。ぽいっとほうり出しておいたのではないところに、ごんの人柄が見えてきます。ひとりぼっちの小ぎつねではあるけれども、しぐさにきめ細かなところがあります。

◇くり返される人物の本質

次の②の場面です。十日ほどたって、ごんはまた村の中へやってきます。そうすると、〈弥助の家内が、お歯黒を付けていま〉す。お歯黒とは、昔、結婚した女性が、白い歯を黒く染めたことをいいます。小さな茶碗の中に薬品を入れ、その中に鉄のくぎや切れはしを入れておきます。それがとけた液を、歯にぬると黒く染まります。〈新兵衛の家内が、かみをすいて〉います。それをごんは〈「ふふん、村に何かあるんだな。」〉と思います。ここからも、ごんが村の様子をある程度知っている人物だとわかります。

〈「秋祭りかな。祭りなら、たいこや笛の音がしそうなものだ。それにだいいち、お宮にのぼりが立つはずだが。」〉〈こんなことを考えながらやってきますと〉、というところは、ずっと話者がごんの目と心に重なって語っているところです。だから、ごんの気持ちが語られています。〈いつの間にか、……何かぐずぐずにえていました〉。そこではじめてごんは〈「ああ、そうしきだ。」〉とわかります。それだけ村のしきたりなどに通じているということです。〈「兵十のうちのだれが死んだんだろう。」〉と思います。

〈お昼がすぎると、ごんは、村の墓地へ行って、六地蔵さんのかげにかくれて〉、「これは葬式だから、葬列が墓地へやってくるな。」と思います。これもごんが村のしきたりを知っているということです。だから先回りをしてそれを見たいと思います。大変物好きな、好奇心旺盛なごんだということが、ここでもわかります。くり返しくり返しごんはどういう人物かということが語られています。ですから、何がくり返されるかということを押さえれば、その人物がどんな人物かということが浮かびあがってきます。

〈いいお天気で、遠く向こうには……ひがん花が、赤いきれのようにさき続いていました〉。このひがん花は、曼珠沙華とも言います。茎がすっと伸びて、上にまっ赤な花が咲きます。これがよく川の土手とかあぜのところに群れて、赤い布をしきつめたように咲きます。秋の頃、一斉に咲くと、実にみごとです。その様子が描写されています。〈村の方から、カーン、カーンと、かねが鳴って〉葬式の出る合図があります。これは視覚的なイメージ、聴覚的なイメージを折り重ねて、非常に悲しい葬式の場面を、大変カラフルに鮮やかに描き出しているところです。〈やがて、白い着物を着たそう列の者たちがやって〉きます。ちらちら見え始め、話し声も近くなります。なにしろ昼間ですから、まず姿が先に見え、そのうちに話し声が聞こえてきます。人々が通ったあとには、ひがん花がふみ折られています。無残な感じがします。この葬列の場面に似つかわしいイメージです。

◇いたずらからつぐないへ

ごんがのびあがると、兵十が見えます。〈赤いさつまいもみたいな元気のいい顔〉というのも比喩です。白いかみしもの白のイメージとさつまいもみたいな顔の赤いイメージとがコントラスト（**対比**）をなして、非常に鮮やかです。

かみしもを着ているのを見て、ごんは、〈「死んだのは、兵十のおっかあだ。」〉とわかります。〈そのばん、ごんは、あなの中で考えました〉と、心の中で考えたことをずっとくわしく書いていますが、これは話者がごんの目と心に重なっているところです。自分が見たわけではないので、ただ想像しています。そこではごんのどんな心の動きがあるかというと、〈兵十のおっかあは、とこについていて……うなぎが食べたいと思いながら死んだんだろう〉と、見てないことを推量して言っています。しかし、断定に近い推量です。そう考えた時、ごんは

〈「……あんないたずらをしなけりゃよかった。」〉と悔いています。自己批判をしているわけです。ここにもごんの人柄が表れています。いいかげんにするのではなく、自分のしたことの結果であるとして、強くそれを反省しています。だから、ごんがつぐないをいろいろとやるということになるのです。ここにごんという人物の人間的なよさがあります。事件が起きた時に、たいていはそこから逃げたい心理が働くものですが、ごんの場合はむしろ自分の責任として引き受けてつぐないをしようとします。そこが非常に大事です。

◇視点人物〈ごん〉の条件

兵十が赤い井戸の所で麦をといでいるのをごんの目と心がとらえていますが、〈「おれと同じ、ひとりぼっちの兵十か。」〉と親近感を感じています。共感しています。兵十のことを自分と同じ立場であると考えています。

ここまでくると、ごんというのがひとりぼっちであるということ、好奇心旺盛で物好きであるということのほか、物事をいいかげんにしないで一つひとつ非常にきめ細かに見て考える人物であることがわかってきます。これを**視点人物の条件**といいます。視点人物というのは、視点が設定されている人物、話者が寄りそっている人物です。その視点人物がどんな人物かということを視点人物の条件といいます。こんな人物だからものごとがこのように見える、話者がこのように語るのは、ごんという人物がそんな**条件**をもった人物だからだと見ることができます。つまり、ほかならぬごんだからこそ、このように考え、行動するのだと見ていきます。場面が展開していくなかで、ますますごんという人物がどんな人物かということが彩り鮮やかになってきます。それをふまえて、また次の場面も読んでいくことになります。

◇ごんのつぐない

③の場面は、いわし屋の場面です。ごんは、うなぎのつぐないにいいことをしたいと思います。次の日、〈山でくりをどっさり拾って〉兵十の家へ持って行きます。兵十へ寄せる思いが、今までよりずっと深くなり、濃くなった感じです。ところが兵十の姿をのぞいてみますと、ほっぺたにかすり傷をつけています。〈どうしたんだろう〉と思っていると兵十が独り言を言います。〈「いったい、だれが、いわしなんかを、……いわし屋のやつにひどい目にあわされた。」〉といいます。ここではじめてごんは「しまった。」と思います。「これはすべて自分のしたことの結果であり、悪いことをしてしまった。」という自責の念が出てきます。だから、〈次の日も、その次の日も〉くりを拾って持って行きます。いや、その次の日はくりばかりでなく、松たけも二、三本持って行きます。兵十に対して共感をもっているだけでなく、自分のしたことのつぐないをなんとか果たしたいという、切実な願いをもっていることがわかります。

◇文芸の表現方法をつかんで読む

次の〈月のいいばんでした〉は秋の月ですから、本当に明るい月です。まざまざと情景がうつってきます。シルエットがくっきり見える場面です。中山様のおしろの下を通って少し行くと〈だれか来る〉というのは、遠くからだれか来るのはわかるけれども、それがだれであるのか定かではありません。ただ話し声が聞こえるだけです。それから松虫が鳴いています。非常に静かな場面です。ごんがかくれてじっとしていると、話し声が近くなってきて、そこではじめて兵十と加助というお百姓だとわかります。このあとは、兵十と加助の会話の場面です。

　物語（文芸作品）には四つの表現方法があります。一つ目は話者が**説明**するところ、二つ目は目に見えるように、耳に聞こえるように描く**描写**、三つ目は出来事を語り進める（物語る）**叙事**です。これが**話者**が語る**地の文**に出てくる表現方法です。四つ目には、人物の言葉である**会話**があります。この四つの表現方法を使い分けて、**作者**は一編の物語を構成します。教材分析の時に大事なことは、それぞれ文章は表現方法によって性質が違ってきますから、どの表現方法かをまずつかんで、扱い方も変えなければなりません。

　ここは、はじめに描写があって、あとは二人の会話です。しかも、それをほかならぬごんが聞いています。つまり、ごんの目と心でとらえた二人の会話なのです。**たしかめよみ**をする時に、ごんの身になってこの二人のやりとりを聞くことが大事です。ごんになったらどんな気持ちで会話を聞くだろう、というように読んでいきます。

　〈「そうそう、なあ、加助。」〉と兵十が言います。ごんは「えっ、兵十は何を言うのかな。」と思うでしょう。〈「ああん。」〉と加助が言うと、ごんも、「何だろう。」と思うでしょう。〈「おれあ、このごろ、とても不思議なことがあるんだ。」〉と言うと、「あれ、おれがいつもやっていることを言っているのかな。それとも何だろう。」と思います。すると、〈「おっかあが死んでからは、だれだか知らんが、おれにくりや松たけなんかを、毎日毎日くれるんだよ。」〉と兵十が言います。ごんだったら何と言うでしょう。そこで〈「ふうん、だれが。」〉と加助が言った時、「兵十のやつ、おれだって気がついているかな、どうなんだろう。」と思うに違いありません。〈「それが分からんのだよ。」〉と言うと「なあんだ。」という気持ちと「ほっとした。」気持ちとがあるでしょう。なにしろごんはわからないようにやっているわけですから、わかっては困るという気持ちと同時にわかってほしいという**矛盾**した気持ちをもっていると思います。ここが大事なところです。

それで加助が〈「ほんとかい。」〉と言うと、〈「ほんとだとも、うそだと思うなら、あした見に来いよ。」〉と、言います。こうなると、「明日、ちゃんと持っていかなきゃならないな。」という感じになってきます。二人は、〈「へえ、変なこともあるもんだなあ。」〉と言ったきり黙ってしまいます。〈加助が、ひょいと後ろを見ました。ごんはびくっとして〉とありますが、だんだん話に一生懸命になってそばへ近づいて行ったのでしょう。だから、〈びくっとして〉小さくなったのです。幸いごんには気づかないでさっさと法事へ行ってしまいます。

⑤の場面では〈お念仏がすむまで、いどのそばにしゃがんで〉います。なぜかというと、あの話の続きがやはり聞きたいからです。なにしろ自分が関わっていることですから。なによりも兵十に、実はごんがしてくれていることだとわかってもらいたい気持ちがあります。だから、〈二人の話を聞こうと思って、ついていきました〉とあります。〈兵十のかげぼうしをふみふみ行きました〉。ここは意図的に兵十の影をふんでいるのではありません。ごんにしてみれ

ば、加助の言葉よりも兵十が何を言うのか知りたいのです。それで自然に兵十のほうへ近寄っていったのでしょう。

◇視角の転換――ごんから兵十へ

⑥の場面の〈その明くる日〉というのは、〈「……引き合わないなあ。」〉と思ったそのあくる日です。だから読者は「あんな気持ちになったんだから、ごんも今度はもういいかげんにあきらめて……」と思ったら、なんとまたくりを持って出かけています。よほどごんは兵十に思い入れしていることがわかります。〈兵十は、物置でなわをなって〉います。

〈ごんは、うちのうら口から、こっそり中へ入り〉ますが、ここで**視角が転換**します。ずっとごんに寄りそい、重なってきた話者が、ここで兵十に寄りそって語るということになります。だから〈きつねがうちの中へ入ったではありませんか〉と**地の文**で、兵十の気持ちをそっくりそのまま語っています。

はじめ〈きつね〉と言っていますが、今度は〈こないだ、うなぎをぬすみやがったあのごんぎつねめが〉と言っています。兵十の側からすると、こんな憎々しげな表現になるのです。

〈「ようし。」〉と言って兵十が立ちあがります。火縄銃に火薬をつめます。ここで、読者は今までずっとごんにつき合ってきたので、何のためにくりや松たけを毎日毎日運んだのか、そのつぐないをしようというごんのしおらしい、いじらしい気持ちを知っています。ところが兵十は知りません。つまり人物は知らないが、読者は知っているという**関係**になっています。

兵十は「あのやろう、よし、やっつけてやろう。」と火縄銃に火薬をつめます。読者にしてみれば、「大変だ、なんとかしなきゃ。」と思います。ところが兵十は〈足音をしのばせて近よって、今、戸口を出ようとするごんを、ドンと〉撃ってしまいます。読者は、「ああ、おしまいだ。」という感じになります。

ここは映画でいうカットバックです。ごんの様子の次に、兵十の様子、また次にごんの様子と交互に切りかえることによってドラマチックな緊迫感を盛りあげていくという効果をねらった表現の仕方になっています。

◇兵十の悲劇

〈ごんは、ばたりとたおれました。兵十はかけよってきました〉。〈うちの中を見ると、土間にくりが固めて置いてあるのが目につきました〉。兵十は「何かいたずらに来たんだろう。」と思って、撃ってしまってから、家の中を見ます。ここは、兵十の**視角**になったはずなのに、〈かけよってきました。〉というと表現が間違っているように思われますが、これはこれでいいのです。ここは劇的な場面なので読者の意識がごんのほうに移るので、兵十の視角から語っていた話者を一瞬ではあるけれど、ごんの視角から語りを進めているわけです。そして、再び兵十の視角に変わり、兵十はくりが固めて置いてあることに気づきます。無造作にぽんと置いてあるのではなく、ちゃんとちらばらないように置いてあります。いかにもごんらしいしぐさが見えます。そこで、〈「おや。」〉とびっくりしてごんに目を落とします。この瞬間、兵十は今までの疑問が一挙に解けて、これはごんの親切だったと気づきます。それが〈「ごん、おまい〈おまえ〉だったのか。いつも、くりをくれたのは。」〉という言葉になっています。倒置法の表現になっていますが、愕然として兵十はつぶやいたのでしょう。〈ごんは、ぐったりと目をつぶったまま、うなずき〉ます。〈兵十は火なわじゅうをばたりと取り落とし〉ます。本当に茫然自失の様子です。それはそうでしょう。自分に心を寄せて、毎日のようにくりや松たけを運んでくれたそのごんを、知らないこととはいえ自分の手で撃ち殺したということに、兵十はすっかり我を失ってしまったのです。とり返しのつかないことをしてしまった、という思いがこんな姿になって表れているのです。

◇〈青いけむり〉が象徴する美

この悲劇は殺し殺され、という血みどろな悲劇ですが、その状況を血みどろな形にしないために〈青いけむりが、まだつつ口から細く出ていました〉という悲しく、かつ美しいイメージで最後を飾っています。最後の場面に**象徴**されるように、これは殺し殺される悲劇です。お互いに話し合う関係にないという、暗い社会背景の中で引き起こされた悲劇です。ごんが心を寄せていつもくりを運んでいたことを、兵十がわかってくれたという一つの救いがあります。やりきれない悲劇性と同時に、ある救いがそこにあります。この**矛盾**するものが一つにとけ合ったところにこの**作品の美の構造**があります。それがこの作品の味わい深さとなっています。ですから〈青いけむり〉が象徴するものは、悲しみであると同時に救いの意味を表す**美**（味わい）でもあります。

◇言いたくても言い合えない関係

これはきつねの話ですが、だから人間である読者に関係がないということではありません。きつねだからこんな悲劇が起きたのではなく、言いたくても言えない立場にあるためにこのような悲劇になってしまったのです。学級の中の人間関係の中にも同じようなことがありうるのです。たとえば、子どもが何か事件を起こした時、教師は言います。「なぜ早く先生に言わなかったのか。」と。ところが、それを先生に言わないのは、先生に普段、語ることがない、つまり語る関係がないからで語りようがないのです。ところが、先生のほうは「どうして早く事情を説明しなかったのか。」と一方的に言います。けれども、子どもからすれば、話せばわかってくれる先生だと信じていればとっくに言っています。そうでないから言えないのです。それは言葉が通じないことと同じことです。

子どものあいだにもいじめがあります。いじめという状況の中で、本当に言いたいことがあっても相手に対してそれを言うことができない、という状況におかれています。本人にしてみれば、言いたいことは山ほどあるのですが、言えないのです。

この作品の中でも「兵十、ごめんね。うなぎなんかとって、あんたのお母さんが食べたがってたのに、本当にすまなかった。」「いや、何もそこまで気にすることはない。」とこんな会話がもしあれば、このような悲劇が起こるはずはなかったのです。けれども、ここでは一方的にしか通じない、コミュニケーションができない人間関係にあるのです。言いたいことがあっても相手に言えないのです。相手に自分の気持ちや立場を言葉でわかってもらう関係がないのです。ですから結局、最後の土壇場までいってしまったのです。

子ども同士、親と子、教師と子どもという人間関係の中にも、弱い立場の子というのは口で自分の気持ちを伝えることができないということがあります。それを親や周りは「言えばいいじゃないか。」と逆に責めることがありますが、それは間違いです。

◇作品を典型として読む

この物語を自分とは直接関係がないと、自分と断ち切ってしまった読みをしてはいけません。姿・形は変わっても、事情は変わっても自分たちの問題としてとらえなおすことを**典型をめざす読み**といいます。そういうところまでいかなければ、本当の悲劇をとらえることはできません。

◇この作品で育てる認識の方法

四年生でもありますし、この作品では次の**認識の方法**で教材をとらえさせたいと思います。

①　構造・関係・機能的に見る。
②　比較する——類比・対比する。
③　理由・原因を考える。

④　ものごとを過程的・展開的に見る。

低学年から扱っているものは、四年生では、より深めていってほしいと思います。

◇視角が転換することで

①から⑤場面までは話者がごんの《内の目》に寄りそい、あるいは重なっているのですが、⑥場面では話者はごんの《内の目》から兵十の《内の目》へ**視角の転換**をしています。これは、**虚構の方法**であり、深い意味を生み出す方法です。では、なぜ視角を転換し、兵十の視角になったかということを考えてみたいと思います。

話者の語りにそって、ごんにずっと寄りそってきた読者ですが、それは、視角が変わることで兵十の憎しみ、怒りという気持ちも理解できるからです。

◇ごんと兵十、両者の悲劇として

読者は兵十の気持ちもわかり、ごんの気持ちもわかりますから、読者の中で矛盾、葛藤が引き起こされてきます。それが**ドラマ**なのです。それは視角の転換のはたらき、**機能**です。**構造・関係**が変わることで、ドラマを生み出す機能（はたらき）というものが生まれてきます。一方的にごんの視角でいくと、最後まで兵十の怒りも憎しみも見えてきません。ですから突然ごんが殺されてしまうと、一方的にごんの悲劇で終わってしまいます。けれども視角が兵十に転じたことで、ごんと兵十の両者の悲劇であるというように読者に受けとられます。兵十はごんを殺してしまったことを、一生、十字架として背負っていかなければならないでしょう。その悲劇性を高める働きを、この視角の転換がもっているのです。

◇反復されるごんの兵十へ寄せる思い

①の場面から⑥の場面まで、一貫して何が**反復**しているのか見てみましょう。言っていること、場面はいろいろ変わっても、ごんが兵十に心を寄せていくプロセス、それがいろいろな形でくり返されていることがわかります。ごんが一方的に兵十に対して心を寄せていく表れが、いわし事件となったり、くりや松たけを持っていくこととなったり、加助と兵十の話を聞くという行動となったりしています。そして土壇場の悲劇の場面までいってしまいます。これを**過程的・展開的**に見るといいます。何が過程、つまりプロセスとしてあるかというと、ずっとくり返しくり返しごんが兵十に心を寄せていることです。そのようなプロセスをたどって、最後に「悲劇」の結末になるのです。

（この項は、旧『指導ハンドブック中学年』の文章をもとに一部書き加えたものです。／寺村記久子）

【参考文献】『西郷竹彦文芸・教育全集8／13／14巻』（恒文社）
『文芸教育82号』（新読書社）所収〔切実な文学体験（共体験）をつくりだす読み――「ごんぎつね」の実践〕

【「ごんぎつね」の指導案例——全体の概要】

◉ねらい

○本来わかり合えるもの同士でも、ごんと兵十のような思いが通じ合えない人間関係は、両者の悲劇をもたらすものになることをとらえさせる。

《だんどり》

「ごんぎつね」という題名のイメージをとらえさせます。人間と狐のイメージを合わせもち、しかも人間から嫌われている狐という複合形象であることをとらえさせます。そして、時代背景として、中山様の殿様のお城が出てくるため、歴史の学習をしていない児童のために、封建社会であったことを簡単に説明します。

《たしかめよみ》

Q１〈空はからっと…もずの声がキンキンと〉はだれの目から見た様子ですか。そこから、ごんのどんな気持ちがわかりますか。

Q２どんなごんですか。（このことについては、全場面を通して考えさせていきます。）

Q３ごんの会話文からわかることは何ですか。（自分の行動に責任を感じているところと、兵十に心を寄せているところがあることに気づかせ、ごんの人柄のよさをとらえさせます。）

Q４いわし屋事件を見て、ごんと兵十の住む世界はどんな世界だといえますか。

Q５　兵十と加助の会話から、ごんや兵十の住む世界はどんな世界だといえますか。〈言いたいことが言えない一方的な関係〉

Q６　どんなごんですか。どんな兵十ですか。〈視角の転換に気づかせ、語り手が兵十に寄りそっていることから考えさせます。〉

Q７　ごんと兵十は通じ合えましたか。〈青いけむりが…〉から、語り手のどんな思いが伝わりますか。

《まとめよみ》

Q８　どうしてこんな悲劇が起こったのでしょうか。

Q９　自分の身の回りにこのような言いたいことが言えないようなことはありませんか。

⓳「アップとルーズで伝える」（中谷日出）

◇アップとルーズの具体例

「アップとルーズで伝える」という題名を見ても、四年生の子どもの多くは聞いたこともない、聞いたことはあってもその意味・内容がよくわからないのではないでしょうか。そのため、どんなことだろうと関心をもつのではないでしょうか。

そんな読者のために、①段落から③段落で「アップとルーズ」について、丁寧にわかりやすく説明しています。

①段落は、ハーフタイムのサッカー場の様子が描かれています。短い文、現在形（歴史的現在）の文末、体言止め、〈もうすぐ〉という言葉などで、実況放送を聞くような臨場感ある表現方法で読者を引きつけています。このように、ルーズの例を具体的に紹介しています。ま た、いつ、何を、どのように映すかが書かれています。〈会場全体が、静かに、こうふんをおさえて、開始を待ち受けている感じが伝わるように〉というところが、「どのように」にあたるところです。つまり、ルーズの映像をつくる目的です。

この表現に対応した写真も、読者の理解を助ける工夫、**説得の論法**になっています。

②段落は、アップの例を具体的に紹介しているところです。①段落と同じように、いつ、何を、どのように映すかが書かれています。後半開始直後の選手の目の動きなど細かい様子が伝わるように映すことが目的です。ここでも、①段落と同じように臨場感ある表現方法や写真が使われています。

①・②段落は、対応（照応）した文になっており、表現内容は**対比**になっていますが、表現方法は**類比**になっています。

◇アップとルーズの長所・短所

③段落のはじめには、①・②段落をまとめてアップとルーズはどういうことかという定義づけがされています。〈広いはんいをうつすとり方を「ルーズ」といいます〉〈ある部分を大きく

うつすとり方を「アップ」といいます〉という共通認識を読者にもたせるようにしています。その後ではじめて、〈アップとルーズでは、どんなちがいがあるのでしょう〉と問うています。つまり、この説明文で明らかにしたいこと、読者に一番わかってもらいたいこと（**観点**）を問題提起しています。①段落でいきなり問いを出すのではなく、このように読者にアップとルーズについての基本的な説明を先にしていることも、説得の論法です。

④段落では、アップでよくわかることとわからないことが書かれています。アップの長所として〈細かい部分の様子がよく分か〉り、短所として〈うつされていない多くの部分のことは〉わからないと、その**条件**が説明されています。それは三六頁と三七頁の見開きにある二つの写真を見てわかるようにも工夫されています。

⑤段落でも同じように、ルーズでよくわかることとわからないことが書かれています。ルーズの長所として、〈広いはんいの様子〉がよくわかることをあげ、短所として〈各選手の顔つきや視線、それから感じられる気持ちまでは分か〉らないと書かれています。

④・⑤段落の表現内容も対比になっていますが、**表現方法**は対応するように**類比**で書かれています。このように対応するように書けばわかりやすいことをわからせてください。

⑥段落は、④・⑤段落のまとめが書かれています。アップとルーズには、長所と短所があり、それを補うために目的に応じて切りかえながら使っていることが書かれています。

この教材で考えさせたいことは、**目的と条件**ということです。サッカーの試合で選手の表情を写す時には大きくアップにし、会場全体の雰囲気はルーズで伝えるというように、目的と条件によって表現方法を変えることで、受け手によりわかりやすい、臨場感あふれる感動を伝えることができるのです。アップとルーズは表現の方法の一つですが、それぞれに一長一短があります。筆者は目的と条件に応じてそれらをうまく組み合わせることが大事だと締めくくっています。

⑦段落に、写真にも、テレビ（動画）と同じようにアップとルーズがあることが書かれています。

その特徴を生かして、写真では、伝えたい内容に合わせて使うことや紙面の広さ（条件）によっては、組み合わせて使うことがあると書かれています。このような使い方はテレビと同じです。

⑧段落は、全体のまとめの部分です。受け手と送り手の関係で目的に応じてアップをとるかルーズをとるかを選ぶようにしています。

「アップとルーズで伝える」の説明文から、次のような考え（**認識の内容**）を学ばせることができます。

・方法には、長所と短所（一長一短）があり、目的と条件によって、使い分けたり組み合わせたりする〈**選択する**〉ことが必要である。

・情報は、受け手のことを知り、送り手の目的を考えてつくられる。

◇文章の表現の方法でも選択する

また、四年生の子どもたちには、単にテレビや写真のような映像表現に限定してしまうのではなく、そのことから発展して文章表現でも同じことがいえることをわからせたいと思います。文章表現の方法には**描写や説明**などがあります。描写は読み手の五感に訴えることができます。しかし、描ききれない中身まで伝えることができません。説明では中身までくわしく伝えることもできます。この場合でも書き手が伝えたいことは何か、読み手が知りたいことは何かを考えて、説明にすればいいのか、描写にすればいいのかを選択できるようにさせたいと思います。

（この項は、旧『指導ハンドブック中学年』の文章をもとに一部書き加えたものです。／蔵垣内収子）

20 「クラブ活動リーフレット」を作ろう

「収集した資料を効果的に使い、説明する文章などを書く」言語活動です。何のために（目的意識）、誰に説明するのか（相手意識）を明確にすることです。説得力を増すために、本や文章、図表・絵・写真、具体物などの資料を収集し、考えを深めることと、構成や記述のためにこれらの資料を活用することです。

教科書ではクラブ活動を紹介する「リーフレット」作りの活動例が取り上げられています。文章だけでなく、図鑑や小冊子などもこの活動の一つの形です。

（上西信夫）

21「プラタナスの木」（椎名　誠）

◇題名について

物語の最初に出会うのが題名です。プラタナスの木は、街路樹にも多く利用されている身近な木です。空に向かってグングン伸びる大きな木がイメージできます。

マーちゃんと仲間の花島君・クニスケ・アラマちゃんは、クラスは別々になっても、仲の良い四人組です。古いプラタナスの木が一本だけ生えている公園にいつも集まっています。四人がいつも集まる公園の大きな木が題名になっています。

題名は、本文の内容と密接に関係します。なぜ、公園の古い大きな木が題名なのか**たしかめよみ**の最後で扱ってみるとよいと思います。〈プラタナスの木〉は、四人にとってどんな意味を持っているのかを考えることが、**まとめよみ**へとつながります。

◇四人の人物像

語り手はマーちゃんによりそって語っています。そのマーちゃんの仲良しの仲間は、名前で呼ばれているクニスケ。口癖がニックネームになったアラマちゃん。背の高い花島君は、そのまま名字で呼ばれています。読者の身近にいる感じの四人です。文末が常体なので、歯切れの良い感じで、四人が仲良く遊ぶ様子が語られています。

◇プラタナス公園の見方の変化

マーちんたちにとってのプラタナス公園は、〈中学生や幼児連れの母親などはめったに来ない〉公園なので、自分たちの遊びができる公園です。そして、水飲み場があり、ボール遊びのできるまれな公園としてとらえていました。

ところが、プラタナス公園でおじいさんに出会い、公園の見方、とらえ方に変化が出てきます。〈太陽の光が夏に向けてずんずん強くなり〉、公園で遊んでいる四人の仲間には、プラタナスの古い大きな木が、休息のできる日かげとなりました。そのことがきっかけになり、プラタナスの木の見えない部分に気づいていきます。

〈木というのは、上に生えている枝や葉をささえるために、土の中でそれと同じくらい大きな根が広がって、水分や養分を送っているんだ〉というおじいさんの言葉に驚くのです。そして、〈このプラタナスの木が公園全体を守っている、といってもいいくらいだ〉と言われ、マーちんをはじめとする四人も、プラタナスの木の大切さを知っていきます。見えない根の役割についても納得していきます。しかも、今まで考えたこともなかった〈木がさか立ちする〉ことや〈木の根がこまってしまう〉ことなど、初めて聞く話にも驚くのです。

◇読者である子どもたちの身近にも

執筆者の学校で「住んでいる地域の昔のことを発見しよう」という学習をしたとき、訪問し

た お寺の方が、この物語のおじいさんの言葉と同じことを言われていました。木はプラタナスではなく、お寺に昔から生えている古いクロガネモチの木の事です。「このクロガネモチの枝や葉と同じように根は広がっています。昔、畑だったところにも根は広がっています。今は駐車場にして、舗装してしまったので、少し元気がなくなったのですよ」と。年配の方は、地面の下は見えなくても、根というものの役割を伝え聞いて知っているのでしょう。

お寺の畑だった部分が舗装され、命の宝庫といわれる土が失われていきます。太陽の光、空気、水などが遮断されます。土の中には目に見えない細菌、ミミズ・ムカデ・ダンゴムシなどの土壌動物が、数限りなくと言っていいほど存在します。これらの命が、駐車場になり舗装されたことで失うわけですから、クロガネモチの木の元気がなくなることはよくわかります、

◇森が広がるお父さんのふるさと

教材の話にもどります。

夏休みに入り、仲良しの四人は、それぞれふるさとに帰省していきます。マーちんも、お父さんのふるさとに帰省しました。その祖父母の家で台風にあいます。そのことで、森や木に対する見方が変わります。台風という自然の猛威と、過ぎ去った後の自然の恵みとすばらしさを体験します。

〈森の一本一本の木の下には、それと同じぐらい大きな根が広がっている〉。

このおじいさんの言っていたことが、今のマーちんには〈はっきりと見えるような気がす

る〉のです。しかも、その〈一本一本の木とその根が、ずっと昔から森全体を守り、祖父母の家だって守ってきたのだ〉と深く自覚していきます。ここで、三場面の文章は終わっていますが、読者は、「だから、公園の古い大きなプラタナスの木も、同じように公園全体を守り、僕たちを見守ってくれているんだ」というように、父のふるさとの森の木々と公園のプラタナスの木とを**関連づけて**考えることになります。

◇公園の異変

長い夏休みが終わり、マーちんたち四人は公園の異変に気づきます。台風によって大きなプラタナスは〈切りかぶだけを残して消えてしまっ〉たのです。大きな葉や枝が消えてしまって、日かげのあった公園のベンチも、強い日差しを浴びるようになりました。

プラタナス公園の異変を前半の部分と**比較**してとらえることが大切です。まずは違いをとらえていきます。前半と後半の公園の様子やそれに関わる人物の言動を**対比**してとらえていきます。**たしかめよみ**の後、前半と後半を対比して見ていきます。夏へと季節が変わっていく前半と、夏が過ぎ秋へと変わっていく後半を**対比的**に見て、何が変わったかを確かめます。

前半	後半
古いプラタナスの木	大きなプラタナスの切りかぶ
とてもよい日かげになるベンチ	強い日を浴びるベンチ
ベンチにはおじいさん	ベンチがぽつんと置かれている （おじいさんはいない）
おじいさんと話すマーちんたち	おじいさんは公園に姿を見せない
サッカーに熱中	サッカーも前ほど白熱しない
おじいさんの話が不思議	見えない根が想像できる
「あらま」おどろく 木の根がこまってしまうなんて、 初めて聞く話	「残った根はきっとこまっているんだろうね」 「なんだか、根にささえられているみたいだよ」 ぼくたちがみきや葉っぱの代わりだ

このように前半と後半を比較していくことで、何が変わったかがはっきりしてきます。そして、それが何によって変わったかがわかってきます。また、対比だけではなく、**類比**の見方で、前半と後半を比較することで、変わらないことも鮮明になってきます。比較というものの見方考え方で、この作品全体を見ていくことが大切です。

◇見えないものが見えるようになったマーちんたち

前半では公園全体を守っている根の存在に、おじいさんに言われるまでは気がつかなかったマーちんたちでしたが、夏休みが終わったマーちんたちには見えない根っこが見えています。だからこそ、切りかぶの上に立って〈根にささえられているみたい〉と実感するのです。そして、自分たちがプラタナスの〈木のみきや枝になったみたいだ〉と思います。目に見えている部分の姿かたちは変わったけれど、かつて大きな木を支えていたのと同じように、どっしりとした根の存在は、切りかぶになった後もはっきりと感じることができるマーちんたちであることがわかります。

◇自分たちを支えているものの存在を考える

前半と後半を**類比**して見てみます。前半では、枝やみきと根の関係が、互いに支えたり支えられたりしているものとして、おじいさんから語られます。後半は新しい芽を出すまでの根を〈ぼくたち〉が支えようとしています。それはまた、根が〈ぼくたち〉を支えていることに他なりません。すなわち前半でも後半でも、互いに支え——支えられる関係がくり返して描かれているということです。

このように、ものごとはお互い支え合って成り立っていることを知ることによって、読者である自分たちも、支えられ支えている存在であることを学ばせたいと思います。自分たちの周りにも、支え、支えられることがあることを生活と照らし合わせることで考えさせたいと思います。

（田中三郎）

㉒文と文をつなぐ言葉

◇聞き手・読み手に予告する

〈雨がふりそうだ。だから……〉〈雨がふりそうだ。しかし……〉の〈だから〉と〈しかし〉は接続語と呼ばれています。ここでは、それを「つなぎ言葉」と言っています。接続語は、前と後ろをつなぐということを表した用語です。しかし、これは、言葉や表現の本質をふまえたものになっていません。

はじめに〈だから〉について考えてみましょう。**語り手**が〈雨が降りそうだ〉と言っているのは、**聞き手**に対してです。〈雨がふりそうだ。だから〉と聞くと、〈かさを持っていくだろうな。〉と聞き手は予想します。後の文を読むと予想通り〈かさをもっていく〉となります。

日本語では、わけを先に言うことがよくあります。たとえば、「おなかがすいた。だから、ごはんを食べました。」と言います。「ごはんを食べた」のは「おなかがすいた」という**理由**からです。

次に〈しかし〉について考えてみましょう。「おおきなかぶ」という作品を思い出してください。おじいさんが、〈うんとこしょ　どっこいしょ〉とかぶをひっぱります。聞き手は、たぶんぬけるだろうと予想します。これに対して、「しかし（けれども、でも）かぶはぬけません。」と、聞き手の予想を打ち消すのが〈しかし〉という言葉です。

　このように、聞き手にどう受けとらせたいかということで、〈だから〉〈しかし〉という言葉を使います。接続語は、文と文をつなぐ役割というよりは、話の行方を予告するような役割をする言葉なのです。

◇方向指示器としての予告語

たとえば、車を運転していて、左折したいとき、後ろから来る車に方向指示器でサインを出します。「左へ曲がります。」とサインを出すと、後ろの車はそのつもりになって運転できます。逆に、前を走っている車が合図を出さず突然左折すると、後ろの車はあわてることになります。

　語り手は、次に何を話すかどっちへ話が向いていくかわかっています。しかし、聞き手はわかっていません。語り手は、前もって相手に心づもりをさせます。それが、接続語の役割です。接続語と呼ばれているものは、どちらへ話が行くか前もって予告する**予告語**（西郷理論）なのです。

　〈しかし〉〈でも〉が出ると、これから話を否定する方向へもって行くのだなと聞き手は思い、そういうつもりで聞くことができます。もし、それを言わなければ、肯定的な話をするのかなと思います。それなのに、話の終わりで「ではなかった。」と否定されますと、聞き手はあわててしまいます。ですから、前もって、〈しかし〉〈でも〉を使うのです。ほかに、〈また〉〈そして〉などは、後の文を、前の文と同じ関係で並列することを、〈それとも〉〈あるいは〉は、前後の文の比較・選択を予告し、〈つまり〉などは前の文についての説明を、〈さて〉〈では〉は話題を変えることを予告します。「つなぎ言葉」は、語り手が文と文のいろいろな関係を予告する言葉なのです。

（この項は、旧『指導ハンドブック中学年』の文章をもとに一部書き加えたものです。／足立あつ子）

23「のはらうた」（工藤直子）

◇「しんぴんのあさ」　かたつむりでんきち

カタツムリのことを「でんでんむし」ともいいます。それでこの「ぼく」は「でんきち」とネーミングされたのでしょうか。カタツムリは地上で最も足の遅いものの代名詞にされています。だから一見〈まいにち　おんなじみたいだ〉けれど、その遅い歩みのなかでも〈まいにちいろんなことがおこ〉り、〈まいにち　しんぴんのあさがきて〉〈ぼくのめ　まいにちびっくりめ！〉になるというのです。

カタツムリといえば、遅いということ、目玉が角のうえにあるということ、殻を背負って移動することです。そのカタツムリらしい目玉が角の上にあることをふまえて〈ぼくのめ　まいにちびっくりめ！〉〈つんつんのばして　びっくりめ！〉と本人は大真面目に語りますが、読者はなるほどと納得しつつユーモアを感じます。

あの遅いカタツムリにも毎日新しい発見があり、新しい時間が流れる驚き。日常に流される私たちの生活の中にも、かけがえのない〈しんぴんの　あさ〉がきているはずです。小さな変化に心が動く、感度のよい器でありたいと願いたくなります。

◇「ひかりと　やみ」ふくろうげんぞう

〈やみ〉というものはあるものではありません。光のない状態を〈やみ〉というのです。でも、〈やみ〉があってこそ〈ひかり〉も〈ひかり〉としての存在感を示すことができます。とすれば、〈ひかり〉と〈やみ〉は、それぞれ独自に存在しているものではありません。あくまでも**相関的・相補的**なものです。〈ひかり〉と〈やみ〉に限らず、ものごとはすべて〈ひかり〉と〈やみ〉のように相関的・相補的なものであるはずです。そのことを、この詩は気づかせてくれます。

◇「はなひらく」のばらめぐみ

この詩も〈ちいさな　ばらのつぼみ〉が〈はなひらく〉ためには、〈のはらの　わらいごえ〉を〈すこしずつ　ためて〉〈ちいさな　ばらのつぼみ〉が〈はなひらく〉とき、そのことが〈のはら〉全体を〈わらいごえ〉に満ちた幸せな世界にするという、他者との相関的・相補的なあり方を示してくれます。多くの人やもののはたらきによって自分が存在していること。逆にどんな小さな自分でも必ず他者に何らかの影響を及ぼしていること—法華経の「一即一切」・「一切即一」の世界観について、自分や自分の住む世界との典型化を考えさせたいものです。

◇「はしる」こいぬけんいち

『のはらうた』の主人公はすべて**複合形象**（動物など異類のもののイメージと人間のイメージが重ねあわされたイメージ）です。子犬といえば、愛くるしく元気に走り回るイメージです。男の子たちも喚声を上げ元気に走り回るイメージです。この共通性が《複合形象》を成立する条件です。

〈まえあしで　ちきゅうをつかみ〉〈あとあしで　ちきゅうをける〉のフレーズが**類比**されています。地面ではなく〈ちきゅうを〉とくり返し語られると、〈こいぬ〉のイメージが格上げされ、巨人化し、まるでコマのように〈ちきゅう〉を回しているイメージを思い浮かべます。そして、行空きがあって反転、〈いま　ぼくは／かぜになる〉のです。類比による強調で、〈こいぬ〉が〈かぜ〉になるプロセスが納得できます。無目的・無自覚ではあるけれど、いま夢中でやっていることが、何か新しい自分に変身させるそんな予感を子どもたちに体験させたいと思います。

『のはらうた』には、同一作者が自分のことを語る詩が複数載っています。教科書に取り上げられている作品だけではなく、〈かたつむりでんきち〉〈ふくろうげんぞう〉…の詩を《つづけよみ》することをお勧めします。

（この項は、『文芸教育86』西郷竹彦責任編集（新読書社）「工藤直子の詩の授業」を参考にしました。／上西信夫）

24 野原に集まれ

詩や物語などの文学的な文章を創作する言語活動です。この前の『のはらうた』や既習の詩の学習を基に詩の基本的な特徴を理解し、書くことを楽しむようにすることが大切です。詩は、散文とは違った改行形式や連による構成、反復によるリズム、比喩や声喩などの表現方法など既習の詩の鑑賞指導との関連を図りたいものです。

『のはらうた』は、虫や動物、草花、空・雲・川などの人物を作者として設定し、話者となり自分自身を語るという構造になっています。詩の作り手になる子どもたちが、虫や動物、草花、空・雲・川などの作者に変身し、話者となって、想像力を発揮し人間と、変身したものらしさをふまえ（なりきって）書いていきます。工藤直子さんの『のはらうた』（童話屋）シリーズや、全国の子どもたちから募集した『子どもがつくる　のはらうた』（朝日子ども新聞

／童話屋）の作品も紹介するといいでしょう。

（上西信夫）

㉕「ウナギのなぞを追って」（塚本勝巳）

◇題名の働き……観点と仕掛

〈ウナギのなぞ〉とあります。読者にとってはごく身近な魚であるウナギ。「一体ウナギにどんななぞがあるんだろう。」と、興味が出てきます。さらに、それを〈追って〉とあるので、「なぞを追ってどんなことをしたのだろう。」と思わせます。このように、題名には、「どうして」「どんな」「どのように」と疑問を抱かせ本文を読みたくさせる**仕掛**があります。このような読者の思いを受けて、本文では読者の疑問に答える内容が書かれています。題名はまた、説明文の**観点**を示しているのです。

◇書き出し……読者を引き込む工夫

〈今年もマリアナの海にやって来ました〉。〈今年も〉とあるので、毎年のように来ていることがわかります。地図や〈二千キロメートル〉という数値を使って、読者が行ったことがないような海を説明しています。さらに、〈やって来ました〉〈海の真ん中です〉〈あざやかな……しまいそうです〉などの表現によって、読者は、この海にいるような気持ちになり、この世界に引き込まれていきます。

そして、〈毎年のように……調査するためです〉と、調査の目的が、ウナギの一生を調べることだとわかります。〈ウナギは、日本各地の川や池にすんでいます〉。そのウナギが、実は二千キロメートルも離れた海でたまごを産み、赤ちゃんは二千キロメートルの旅をして日本にやってきます。日本の川や池で一生を過ごしているのだろう、と考えていた読者にとっては驚きです。そして、それがわかるまでに、〈実に八十年近くの年月がかかったのです〉とあります。一体どんな調査をしてわかったのか興味をもって読むことでしょう。

◇たまごを産む場所をさがす……時間をさかのぼる

〈たまごを産む場所をさがす調査〉は、〈より小さいウナギを追い求めることから始まり〉ます。まずは、体長に目をつけ、大きいものから小さいものへと追い求めることになります。それは時間をさかのぼることにもなります。

この調査をすることができたのは、ウナギの赤ちゃんがレプトセファルスであり、図2のようなものであること、そして、海流に流されながら日本にやって来ることが研究の結果わかっていたからです。その研究の成果をふまえて、より小さなレプトセファルスを海流をさかのぼって調査していきます。

そして、海流に流されて日本にやって来るのであれば、「海流をさかのぼっていけば、除々に小さいレプトセファルスが見つかるだろう。」という**仮説**をたてて調査をしていきます。〈一九六七年、台湾近くの海〉では、〈五十四ミリメートル〉、〈一九七三年〉には〈四十、三十、二十ミリメートル〉と、予想どおり海流をさかのぼっていくことで徐々により小さいレプトセファルスに近づいていきます。この調査は、ウナギの赤ちゃんの成長の**過程**を明らかにすると同時に、北赤道海流と黒潮にのって日本へ近づいてきていることも証明しています。また、この調査の過程で、レプトセファルスの体に〈木の年輪ににた、一日に一本ずつふえる輪のできる部分〉があり、〈その輪を数えれば、生まれてから何日たっているかを知ることができます。〉と、その生態についての研究も進んでいることが見えてきます。

一九六七年から一九九一年の二五年間という長い調査の過程で、いろいろな発見があり、それがまた〈親ウナギがたまごを産んだ場所にたどり着けるはずです〉という仮説を立てる段階に至るのです。

◇場所・時期の特定……仮説と検証

科学の方法は、まず**仮説**（**予想**）を立てることから始まります。できるだけ真実に近い仮説を立てるためには、たくさんのデータを丹念に記録することが重要です。次に、そのデータから、〈西向きに流れる北赤道海流をさかのぼって、東へ行くほど、とれるレプトセファルスは小さくなっています〉という規則性、法則性を見つけます。このことについては、前の段落で、実際の調査の様子や結果がくわしく書かれていたので、読者は、「その通りだろう。」と納得します。

〈しかし、ある地点をこえると、ぱったりととれなくなっているのです〉。「十ミリメートルのレプトセファルスの取れたところから二十日分の距離をさかのぼれば、そこが産み場所だ。」と確信していた読者は、「えっ、どうして。」と驚きます。

筆者はその「〈ある地点〉に、何かがあるはずだ。」と思い、〈海底の地形図でたしかめると、そこには、大きな三つの海山〉があったのです。広い海の中で、毎年決まった場所でたまごを産むウナギは、産む場所を決めるとき、これらの海山を目印にしているのではないかと予想したのです。

次に時期です。図5を使って説明しています。「なるほど、新月に近い日に生まれているな。」とわかります。たくさんのレプトセファルスのたんじょう日と月の満ち欠けを**関係づけ**、〈新月のころに合わせて、いっせいにたまごを産んでいるようなのです〉と予想しています。「海山の近く」「新月のころ」というのは、たくさんのデータを整理し、見つけ出したものですが、あくまでも予想です。この予想に基づいて、十年近くも調査を続けています。たまごも生まれてすぐのレプトセファルスも取れないことが何年も続いても、この場所で調査を続けたのは、確信があったからでしょう。

二〇〇五年六月七日、〈生後わずか二日の、ウナギのレプトセファルス〉を見つけます。〈わずか〉という表現に、期待の高まりが感じとれます。しかし、〈たまごは、レプトセファルスよりずっとせまいはんいに固まっているので〉、〈さらに場所をしぼりこ〉む必要があります。〈もしかしたら、親ウナギたちは、「新月のころ」に、「フロントと海山の連なりが交わる地点」

でたまごを産むのかもしれない〉という新たな仮説を立て、さらに調査を続けます。

二〇〇九年五月二二日、〈ついにそのしゅんかんは、やって来ました〉。読者も、「ついにやったな。」という気持ちになります。〈期待とこうふんに包まれ〉た船内ですが、この時点では〈ウナギのたまごらしいもの〉と表現されており、科学的に慎重な態度がとられています。くわしく調べることによって、〈これらはたしかにウナギのたまごにまちがいないことが分かり〉ます。〈にじ色にかがやいて〉〈船の中に大きなかんせいがあがりました〉〈ついに〉と、筆者の喜びが伝わってきます。仮説――検証という科学の方法のくり返しが、ウナギが卵を産む場所という「なぞ」を解き明かしたのです。

〈たまごを産む場所にたどり着くことができたのです〉と、この表現からも喜びが伝わってきます。単にウナギがたまごを産む場所を見つけたというだけでなく、何十年もの長い時間をかけ、一つの目的に向け、さまざまな色や形の生き物の中からウナギの赤ちゃんをさがしたり、一匹一匹のレプトセファルスを調べたりする地道で根気のいる作業をし、また、後半の段落でくり返されている〈調査グループ〉〈わたしたち〉の言葉に見られる共同・協力によってやっと目的にたどり着けたという気持ちが伝わってきます。

◇わかったこととわからないこと……科学者の態度

ウナギがマリアナ諸島の西の海山付近でたまごを産むことについて、何十年もの調査によって明らかになりました。しかし、そのことが明らかになることによって、筆者は、〈なぜこんな遠くまでたまごを産みにやってくるのか〉〈広い海の中でどうやってオスとメスは出会うことができるのか〉と、また新しい疑問、新しい研究課題を生み出しています。読者もまた筆者と同じように、「どうして海山付近なのか。」「どうして新月の頃なのか。」というような疑問を見つけることができるのではないでしょうか。

一つのなぞが明らかになることで、また新たななぞが生まれます。ウナギがたまごを産む場所を見つけるということは、到達点ですが、それは出発点でもあるのです。

〈これらのなぞをとくために、わたしたちは、今年もマリアナの海にやって来たのです〉という結びは、書き出しと首尾照応する形で結ばれています。新たななぞを追求する科学者の研究の姿勢をとらえることができます。

（和田美保）

26 わたしの研究レポート

「疑問に思ったことを調べて、報告する文を書いたり、学級新聞などに表したりすること」の言語活動例を受けて、報告文を書く単元です。総合的な学習や他教科との関連で構想すると効率的です。報告文の場合、書く相手や目的を明確に持つことのできる場面の設定が必要です。そして、目的や方法、結果とそこから考えたことを書くことです。

（上西信夫）

27 「初雪のふる日」（安房直子）

◇現実と非現実のあわい

〈秋の終わりの寒い日〉〈村の一本道に、小さな女の子がしゃがんでいました〉という書き出しになっています。〈女の子〉は〈村の一本道〉に石けりの輪を見つけます。話者（語り手）は女の子の目と心に寄りそって語っています。

しかし、その石けりの輪は〈どこまでも、どこまでも、橋をわたって、山の方まで〉続いていたのです。石けりの跡があるのは日常的な、現実的な風景です。しかし、その石けりの輪が山のほうまでずっと続いているというのは非現実的なイメージです。読者は現実的なイメージと非現実的なイメージを同時に体験することになります。そして、女の子がその〈輪の中に、ぴょんと飛び〉込むと、〈女の子の体はゴムまりのようにはずんで〉きます。ここも現実的であると同時に非現実的な感じがします。冒頭から「現実と非現実のあわいに成立する」（西郷文芸学の定義による）ファンタジーの世界に読者は誘われます。

◇輪を飛ぶイメージと白いイメージのくり返し

女の子は、石けりの輪をどんどん進んでいきます。〈バスの停留所の辺りまで来たとき、ほろほろと雪がふり始め〉ます。〈風も冷たくなり〉雪ははげしくなります。〈女の子の赤いセーターの上に、ほっほっほと、白いもよう〉がつきます。「白いイメージ」が、ここでくり返されます。その時、女の子の後ろで声がします。振り返ると、〈真っ白いうさぎ〉が石けりをして女の子を追いかけてきています。白いイメージのくり返しと、女の子が石けりをしながらぴょんぴょん飛ぶイメージのくり返しによって、この〈真っ白いうさぎ〉の出現が違和感なく読者にも受け入れられます。

◇白いうさぎ

その白いうさぎは女の子の後ろから、そして女の子の前にもずっと〈一列になってとんで〉います。女の子が白いうさぎに石けりの輪がどこまで続くのかと尋ねると、前のうさぎが〈「どこまでも、どこまでも、世界のはてまで。わたしたちみんな雪をふらせる雪うさぎですからね。」〉と答えます。このうさぎは〈雪をふらせる雪うさぎ〉だったのです。そして、女の子は、いつか〈おばあさん〉から聞いた〈初雪のふる日には、北の方から、白いうさぎ〉がやってきて、〈一列になって、山から山へ、村から村へと雪をふらせていく〉という話を思い出します。そして、そのうさぎの列は〈人の目には、一本の白いすじしか見えない〉というのです。

この白いうさぎは「初雪」という現象を**人物化**した形象であると考えられます。雪を降らせる「雪雲」が〈山から山へ、村から村へ〉少しずつ移動していく様子を、白いうさぎが石けりの輪をぴょんぴょん飛びながら進んでいく形象で表現しているのです。ここにも現実（雪雲の移動〉と非現実（白いうさぎが飛ぶ）が一つに溶け合ったファンタジーの構造が見られます。また、気象状況（初雪）を人物にしたものだから、女の子の目からは白いうさぎに見えても、〈人の目には一本の白いすじ（雪・雪雲）にしか〉見えないのです。つまり、「雪」でもあり、白いうさぎでもあるのです。

◇魔よけのよもぎ

おばあさんの話では、〈もしも、そのうさぎのむれにまきこまれたら、もう帰ってこられなくなる〉そうです。女の子は輪を飛ぶのを止めようとしますが、後ろのうさぎが〈「止まっちゃいけない。後がつかえる。」〉というので止まることはできません。その時、女の子は〈たった一人だけ、白うさぎにさらわれて、生きて帰れた子ども〉がいたというおばあさんの話を思い出します。そしてうさぎから逃れるために〈「よもぎ、よもぎ——。」〉とおまじないを唱えます。しかし、うさぎたちはこのおまじないをかき消すように「雪の歌」を歌います。これは「春のよもぎの歌」と「冬の雪の歌」とのせめぎあいです。

もうだめだと思った時、女の子は輪の中に〈よもぎの葉〉を見つけます。それを胸にあてると〈だれかにはげまされているような〉気がします。その声は〈雪の下にいる、たくさんの草の種の声〉だったのです。よもぎは、「春」の**象徴**と考えられます。そして女の子は〈すてきななぞなぞ〉を思いつきます。〈「よもぎの葉っぱのうら側は、どうしてこんなに白いのかしら。」〉というなぞなぞです。このなぞなぞを聞いて、うさぎたちの足どりが乱れ、うさぎたちの「雪の歌」は「春の歌」に変わり、女の子は〈あたたかい春の日をいっぱいに浴びて、よもぎの野原で石けりをしているような気になり〉、とうとう、うさぎの列から逃げることができます。

このよもぎは何を意味するのでしょうか。晩秋から初冬にかけて次第に寒さが強まり、木枯らし（北西の季節風）が強まってくる頃、思いがけず木枯らしも吹かず、春のようにぽかぽかと暖かい日があります。これを「小春日和」といいます。このよもぎをはじめとする「春」のイメージは、この「小春日和」を形象化したものと考えられます。

◇ファンタジー

このよもぎの〈おまじない〉によって、女の子は白いうさぎの列から解放されます。女の子は〈気がついたとき〉〈いくつも山をこえた〉遠い町に来ていました。町の人々は〈顔を見合わせて、口々に、とても信じられないと言い〉、一人の年寄りが〈「この子は、きっと、白うさぎにさらわれそうになったのだ。」〉と言います。女の子はその後、〈町の食堂で温かいものを食べ〉、〈バスで送り返してもらい〉ます。

最後の場面は、白いうさぎのいる非現実から現実の場面に帰ってきたようですが、西郷文芸学では**ファンタジー**の世界を「現実でもあり非現実でもある**相補的**な世界」と考えます。つまり、はじめからおわりまで現実でもあり、非現実でもある世界と考えるのです。この話は、初雪の降る気象状況をファンタジーによっておもしろく**虚構**した作品といえます。

◇つづけよみ

「手引き」にある「安房直子さんのほかの作品を」読むということは、「ある何かのめあて」**（観点）**をもって**つづけよみ**することです。それらの作品の思想を**類比**することによって、作家・安房直子さんの「人間観・世界観」を理解することにつながります。ある観点をもって他の作品を「つづけよみ」したり、**くらべよみ**したりすることは、一つの文芸作品を読む文芸の授業で得られる認識よりもはるかにふかい意味を読みとる方法です。

（村尾　聡）

おわりに

本書は旧『教科書指導ハンドブック』（新読書社・二〇一一年刊）を基にして、二〇一五年度版教科書（光村図書）に合わせて改訂したものです。西郷文芸学理論と教育的認識論に依拠して教科書教材を分析・解釈し、授業化する際の重要な観点を示した内容となっています。

文芸教育研究協議会に所属する全国のサークル員が各単元を分担執筆していますので、文芸研で使用する用語の解説が重複している部分もありますが、読者のみなさんがどこから読み始めても理解していただけるように、あえてそのままにしてあります。また、重複はしていても決して矛盾はしていないはずです。五〇年にわたる文芸研の理論と実践の研究は集団的に積みあげられてきていますので、本書のどのページを開いていただいても、整合性のある文芸研の主張が読みとっていただけるものと思います。

さて、昨今の国語科教育の現場を俯瞰すると「言語活動の充実」「単元を貫く言語活動」ということが声高に叫ばれ、リーフレットづくり、ペープサート、音読劇、読書発表会などを中心にすえた単元構成学習が極端に多くなっています。授業で学んだことを表現活動に生かすこと自体に反対するものではありませんが、文芸を文芸として（作品を作品として）読むことの軽視、あるいは無視については看過するわけにはいきません。

これまで国語の教室で大切にされてきた、教材に向き合って場面ごとにイメージと意味の筋を追い、読み深め、子どもたちが多様な読みを交流し合い、語り合う授業は、今や「古い授業」と批判の対象にさえなっています。多くの国語教師は、深い「教師の読み」があってこそ子どもたちに真の国語科の力が育つと信じ、全力を傾けて教材研究に打ち込んできたものですが、近年横行している、ほんの二〜三時間で教材の「あらすじ」を確認したら残り時間は「言語活動」に充てるという授業なら、教材研究など必要ないでしょう。しかし、そのような授業をしていては、国語科で育てるべき学力が子どもたちに身についていくはずがありません。深い教材研究と教授目標の明確化こそ、多様な子どもたちの読みを意味づけ、立体化・構造化し、真の意味で子どもの主体的な学びを保障することになります。

今こそ、深い教材研究に根ざした国語の授業の創造が求められています。本書が、全国の先生方の教材研究の一助になり、子どもたちが楽しく、豊かに深く学ぶ授業につながっていけば幸いです。

また、本書では紙幅の都合で詳細な授業構想・授業記録についてふれることはできませんでしたが、それについては、今夏、新読書社より刊行予定の『文芸研の授業シリーズ』(教材別・小学校全学年・全十八巻予定)をご参照ください。

編集委員会

執筆者紹介（執筆順）	執筆担当教材名
西郷 竹彦（文芸研会長）	中学年の国語でどんな力を育てるか
	1「春のうた」
	2「白いぼうし」
	3 漢字の組み立て
	4 漢字辞典の使い方
	11「一つの花」
	17「手と心で読む」
	18「ごんぎつね」
	19「アップとルーズで伝える」
	22 文と文をつなぐ言葉
村尾 聡（兵庫文芸研・赤相サークル）	1「春のうた」（加筆）
	14「かげ」
	15「忘れもの」
	16「ぼくは川」
	17「手と心で読む」（加筆）
	27「初雪のふる日」
前田 康子（兵庫文芸研・宝塚サークル）	2「白いぼうし」（加筆）
	6「大きな力を出す」
寺村記久子（兵庫文芸研・赤相サークル）	3 漢字の組み立て（加筆）
	4 漢字辞典の使い方（加筆）
	18「ごんぎつね」（加筆）
上西信夫（千葉文芸研・松戸サークル）	5 よりよい話し合いをしよう
	8 短歌・俳句に親しもう
	9 新聞を作ろう
	12 自分の考えをつたえるには
	13「読むこと」について考えよう
	20 クラブ活動リーフレット」を作ろう
	23「のはらうた」
	24 野原に集まれ
	26 わたしの研究レポート
足立あつ子（兵庫文芸研・宝塚サークル）	7「動いて、考えて、また動く」
	22 文と文をつなぐ言葉（加筆）
佐々木智治（広島文芸研・広島サークル）	10「ふるやのもり」
蔵垣内収子（兵庫文芸研・宝塚サークル）	11「一つの花」（加筆）
	19「アップとルーズで伝える」（加筆）
田中三郎（広島文芸研・広島サークル）	21「プラタナスの木」
和田美保（兵庫文芸研・宝塚サークル）	25「ウナギのなぞを追って」

指導案例・板書例（執筆順）	
村尾　聡（兵庫文芸研・赤相サークル）	1「春のうた」【指導案例】【板書例】
前田 康子（兵庫文芸研・宝塚サークル）	2「白いぼうし」【指導案例】【板書例】
蔵垣内収子（兵庫文芸研・宝塚サークル）	11「一つの花」【指導案例】【板書例】
寺村記久子（兵庫文芸研・赤相サークル）	18「ごんぎつね」【指導案例】

教材分析・指導にあたって	編集委員
おわりに	編集委員

【監修者】
西郷竹彦（さいごうたけひこ）
文芸学者・文芸教育研究協議会会長

【編集委員】五十音順　＊は編集代表
上西信夫（千葉文芸研・松戸サークル）
奥　葉子（大阪文芸研・枚方サークル）
曽根成子（千葉文芸研・松戸サークル）
髙橋睦子（青森文芸研・津軽サークル）
藤井和壽（広島文芸研・福山サークル）
村尾　聡（兵庫文芸研・赤相サークル）
＊山中吾郎（千葉文芸研・大東文化大学）

光村版・教科書指導ハンドブック
新版　**小学校四学年・国語の授業**

2015年5月9日　初版1刷

監修者　西郷竹彦
編　集　文芸教育研究協議会
発行者　伊集院郁夫
発行所　（株）新読書社
東京都文京区本郷5-30-20　〒113-0033
電話 03-3814-6791　FAX03-3814-3097

組　版　七七舎　　印　刷　日本ハイコム（株）
ISBN978-4-7880-1193-9 C3037